Kaffee

Elisabeth Bangert
Christine Mahrle

Kaffee

EDITION XXL

Inhaltsverzeichnis

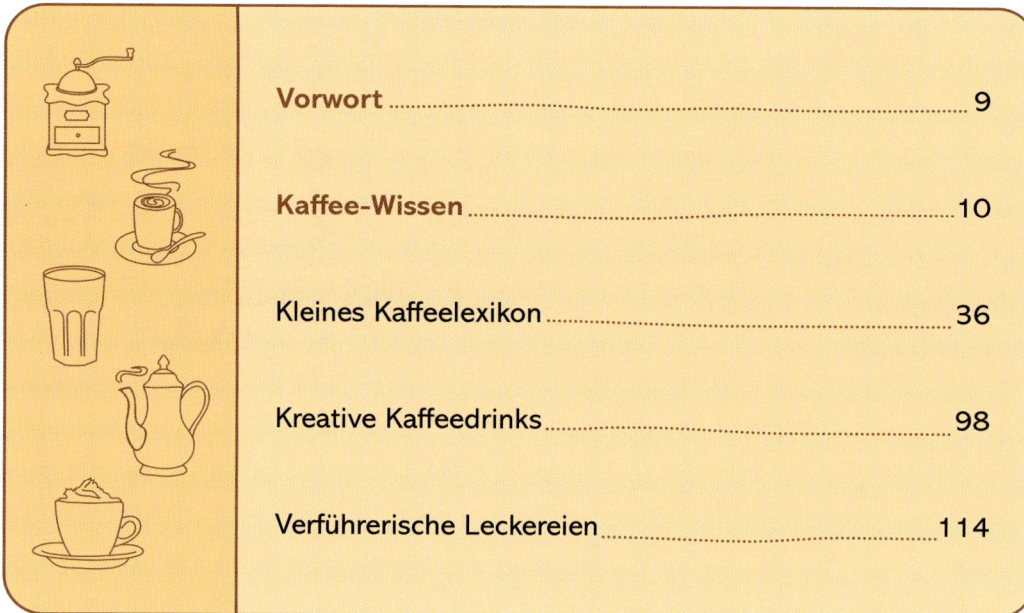

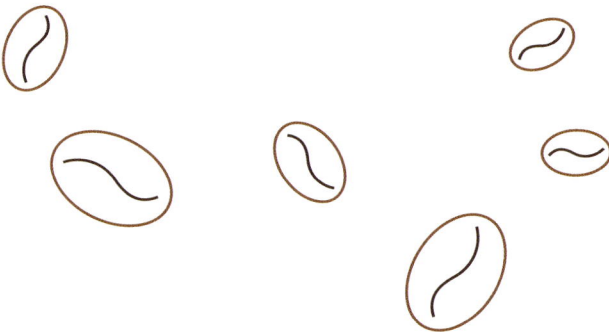

Vorwort

Noch nie war Kaffeetrinken so modern wie heute. Kaffee ist unser beliebtestes Genussmittel – und das seit über 340 Jahren. Modernen Studien zufolge hat Kaffee sogar positive Auswirkungen auf die Gesundheit und versorgt uns mit Mineralstoffen und Vitaminen.

In diesem Buch finden Sie jede Menge interessantes Hintergrundwissen – von der Herkunft, Geschichte und Herstellung über die Inhaltsstoffe und Zubereitungsarten des Kaffees.

Darüber hinaus haben wir raffinierte Rezepte und allerlei Tipps und Tricks für Ihren perfekten Kaffeegenuss zusammengestellt. Probieren Sie neue Varianten aus: Schwarzer Espresso oder Filterkaffee bieten zwar Kaffee-Erlebnis pur, sind aber auch eisgekühlt, mit einem Schuss Likör, einer Schlagsahnehaube und in vielen weiteren Variationen ein Genuss, den Sie sich nicht entgehen lassen sollten.

Und wussten Sie, dass man mit Kaffee auch kochen und backen kann? Wir beweisen es Ihnen!

Eine spannende Lektüre und viele Genießer-Stunden mit Kaffee wünschen Ihnen

Ihre

Elisabeth Bangert
Christine Mahrle

Die Geschichte der schwarzen Bohne

Um die Entdeckung der belebenden Wirkung der Kaffeebohne ranken sich einige Legenden. Gut bekannt dagegen ist, wie das Getränk seinen Siegeszug von Afrika aus über den Orient in die westliche Welt bis heute fortgesetzt hat.

Wie wurde der Kaffee entdeckt?

Eine islamische Legende besagt, dass Allah selbst das belebende Getränk zu den Menschen gebracht hat: Der Erzengel Gabriel soll damit Mohammed von seiner schweren Schlafsucht befreit haben. Schon nach wenigen Schlucken dieses Getränks soll Mohammed mehrere Dutzend Männer besiegt und sich danach noch nächtens sehr aktiv im Harem vergnügt haben.

Etwas weniger spektakulär, dafür doch glaubwürdiger ist die Geschichte von den Ziegenhirten in einer Provinz in Ost-Afrika: Eines Nachts konnten zwei Ziegenhirten nicht schlafen, weil die Ziegen, statt zu ruhen, munter weitermeckerten. Mönche eines benachbarten Klosters halfen ihnen, die Ursache zu finden, und entdeckten die Sträucher mit den roten und grünen Früchten, von denen die Tiere fraßen. Mönche sollen es also gewesen sein, die diese Beeren zunächst trockneten, zu Pulver mahlten und mit heißem Wasser belebenden „Kaffee" gewannen.

Eine weitere Sage rankt sich um einen jungen Derwisch namens Omar. Verleumdet und unschuldig verurteilt wurde er mit seinen Gefährten in eine abgelegene Steinwüste verbannt. Halb verhungert und am Ende seiner Kräfte probierte er von den Früchten eines ihm unbekannten Strauches. Wie durch ein Wunder genesen kehrte er in die Stadt zurück und brachte Kunde von der magischen Frucht. Alle wollten nun von dieser Frucht kosten und Omar wurde mit Ehren überhäuft.

Ibn-Sina (Avicenna), Heilkundiger und Philosoph aus Arabien, 11. Jahrhundert. Von ihm erstmals schriftliche Erwähnung eines Heilmittels aus dem Jemen – „Bunchum". 500 Jahre später Bezeichnung „Bunc" für Kaffeeanbau und -bohne. Daher wird vermutet, dass er bereits Kaffee kannte.

Kaffeetransport in den holländischen Kolonien, 17. Jahrhundert

Woher stammt nun unser „Kaffee"?

Die gesicherte Heimat des Kaffeestrauches ist das alte Königreich „Kaffa" in Äthiopien, Afrika. **Um 800 n. Chr.**, wahrscheinlich sehr viel später als die Entdeckung von grünem Tee oder die Herstellung von Wein, entdeckten die Bewohner der Region „Kaffa" im Hochland Äthiopiens, dass die belebende Wirkung der Beeren eines Strauches auf dessen Kerne zurückzuführen ist. Sie zerstampften die Kerne und vermischten sie mit Tierfett, um auf ihren Kriegszügen von deren anregender Wirkung zu profitieren.

Unsere heutige Bezeichnung „Kaffee" leitet sich jedoch nicht von dieser Provinz namens „Kaffa" ab, sondern aus dem arabischen Wort „Quahwah", was so viel wie „Wein, pflanzliches Getränk" bedeutet. Da Wein im Islam verboten ist, wurde später der Kaffee zum „Wein des Islams".

Um 1000 n. Chr. soll der berühmte persische Arzt Ibn-Sina diese Früchte bereits als Heilmittel anerkannt haben. Mit Anbau und Kultivierung des Kaffeestrauches jedoch begannen die Araber im Gebiet des heutigen Jemen erstmals im 11. Jahrhundert n. Chr. Durch Sklavenhändler sollen die Bohnen von Afrika nach Arabien gelangt sein. Sie bepflanzten und bewässerten Terrassen über dem Roten Meer. Zunächst wurden jedoch nur die grünen Bohnen gestampft und zu einem Brei verarbeitet.

Erst **Ende des 14. Jahrhunderts** wurde der Kaffee zum ersten Mal auf Steinplatten geröstet. Dieser Vorgang bescherte uns den heute typisch aromatischen Geschmack des Kaffees. Über die Hafenstadt Mokka (daher kommt der Name für unseren starken, kurzen Kaffee) wurden die Bohnen in benachbarte Regionen geschickt.

Zunächst wurde das schwarze Getränk während der Gebetsstunden in den Moscheen getrunken. Im **15. Jahrhundert** eröffnete die erste Kaffeebar für die Pilger in Mekka. Kleinasien, Syrien und Ägypten waren weitere Verbreitungsgebiete.

Die Araber machten den Kaffeeanbau zum Staatsgeheimnis und hielten diese Monopolstellung in der Kaffeeproduktion bis in das 17. Jahrhundert.

Ältestes Transportmittel für den Kaffee war das Kamel. Eine Karawane bringt feinen „Mocha" zum Hafen, 14. Jahrhundert.

Die Geschichte der schwarzen Bohne **11**

Wann kam der Kaffee nach Europa?

Doch auch die Türken übernahmen diesen Brauch. Das erste Kaffeehaus in Kontinentaleuropa eröffnete 1554 in Konstantinopel, dem heutigen Istanbul, trotz Widerstand des islamischen Klerus – denn Kaffee wurde als „Droge" angesehen.

Mitte des 17. Jahrhunderts begann der Siegeszug durch Mitteleuropa: Vor allem die entstehende Kaffeehauskultur der Künstler, Literaten, Diplomaten, Staatsmänner und Philosophen trug dazu bei. 1645 verfügte Venedig auf dem Markusplatz über das erste Kaffeehaus in Mitteleuropa. Oxford und London folgten 1650 bzw. 1652.

In Frankreich entstanden um 1659 die ersten Kaffeebars in Marseille. Paris folgte 1672. Das erste eigentliche Pariser Café war jedoch das Café Procope, das erst um 1689 von dem Sizilianer Francesco Procopio de' Coltelli eröffnet wurde.

Nach Deutschland gelangte der Kaffee ebenso schon sehr früh über Frankreich, er wurde erstmals 1673 in Bremen ausgeschenkt. Hier entstand dann 1697 das Bremer Kaffeehaus im Haus Schütting. 1675 kannte man Kaffee bereits am Hofe des Großen Kurfürsten in Berlin, doch wurde hier erst 1721 das erste Kaffeehaus errichtet. In Hamburg entstand 1679 ein Kaffeehaus, Regensburg folgte 1686 und Leipzig 1694.

Älteste bekannte Darstellung einer Kaffeegesellschaft in einem 1689 in Deutschland gedruckten Buch

Das erste Wiener Kaffeehaus eröffnete 1683, nachdem im Kampf gegen die Türken 500 Sack Kaffee erbeutet worden waren.

Nun fiel auch das Monopol der Araber, denn ab dem 17. Jahrhundert wurden keimfähige Bohnen von reisenden Händlern aus Arabien geschmuggelt, nach Venedig gebracht und in holländischen Kolonien wie Java verbreitet kultiviert. Das sicherte Holland eine Vormachtstellung im Handel.

Schon bald trug die Arbeit der „Oostindischen Compagney" der Niederländer Früchte: Die geernteten Kaffeebohnen landeten 1711 mit der ersten Kaffeeladung in Amsterdam.

Türkischer Kaffeeverkäufer, 16. Jahrhundert

Wie wurde der Kaffee damals genossen?

Der Siegeszug hielt an – trotz Warnungen von Ärzten und Gegenwind von Branntweinerzeugern, die sehr berechtigt Konkurrenz witterten: **1780 wurden nach Europa aus zahlreichen Kolonien 65 000 Tonnen Bohnen importiert, 1850 hatte sich diese Menge bereits vervierfacht**. Die Zubereitung war traditionell: Die gerösteten Bohnen wurden zu Pulver verarbeitet, mit kochend heißem Wasser in Kännchen überbrüht und aus kleinen Tassen genossen.

Der Kaffee war ursprünglich sehr teuer, deshalb konnten sich nur gut situierte Bürger und Aristokraten das aromatische Getränk leisten. Daher versuchte die Bevölkerung Alternativen zu finden und experimentierte mit gebrannter Gerste, Malz, Eicheln oder Rüben.

Um 1850 war echter Kaffee zum Volksgetränk geworden. Erst während der beiden Weltkriege wurde wieder aus den vergleichsweise billigen Ersatzgrundstoffen Kaffee gebraut.

Historische Kaffeemaschinen, 18. Jahrhundert

Anbaugebiete und Sorten

Der ursprünglich aus dem Hochland von Äthiopien und dem angrenzenden Boma-Plateau im Sudan stammende Kaffeestrauch fühlt sich mittlerweile sprichwörtlich rund um die Welt wohl. Überall dort, wo ein ausgeglichenes Klima ohne Temperaturextreme wie Hitze oder Frost, Höhenlage, dennoch Sonne und vor allem aber Wasser verfügbar sind.
Kaffee ist daher seit mehr als einem Jahrhundert für zahlreiche so genannte Entwicklungs-länder ein wertvolles Exportgut und heute der zweitwichtigste Rohstoff im Welthandel – gleich nach Erdöl.

Welche Sorten gibt es?

Die botanische Gattung Coffea gehört zur Pflanzenfamilie der Rubiazeen (Rötegewächse). Rund 500 Gattungen mit über 6000 Arten sind bekannt.

Dennoch wird aus nur vier Arten Kaffee gewon-nen, wobei 99 % der Kaffeeproduktion auf die beiden bekannten Arten Coffea Arabica und Cof-fea Robusta entfallen. Coffea Liberica und Coffea Excelsa sind von geringer Bedeutung.

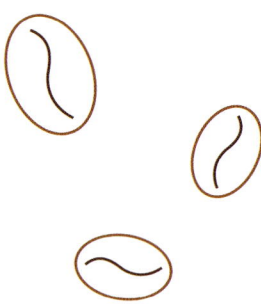

Zu etwa 60 % findet sich Arabica-Kaffee in den Tassen der Kaffeegenießer. Der Arabica-Kaffee enthält zwar nur etwa halb so viel Koffein wie Robusta, bietet jedoch das feinere Aroma. Ro-busta-Pflanzen zeichnen sich hingegen durch eine höhere Widerstandsfähigkeit aus.

Höhenlagen verstärken das Aroma der Früchte noch deutlich, da die Pflanzen langsamer wach-sen. Das vermindert auch die Säure. In Kolum-bien wachsen etwa 90 % der Kaffeesträucher über 1000 Höhenmeter und die Bohnen kom-men als besonders feine „Hochlandkaffees" in den Handel.

Wer sind die welt-weit größten Kaffee-Produzenten?

Da sich die Kaffeesträucher vor allem rund um den Äquator so richtig wohl-fühlen, liegen die Hauptanbaugebiete in Mittel- und Südamerika, Afrika und Asien. Doch auch dort sind nicht überall die notwendigen Voraussetzungen gegeben.

Insgesamt sind es rund 70 Länder, in denen Kaffee produziert wird. Etwa 50 von ihnen exportieren auch.

Die wichtigsten Produktionsländer: 1. Nord-, Mittel- und Südamerika

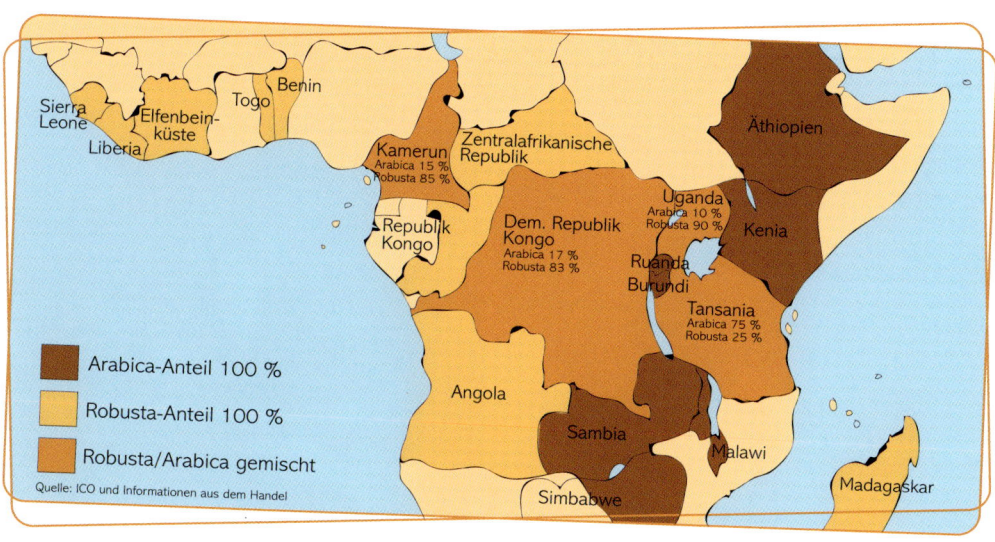

Die wichtigsten Produktionsländer: 2. Afrika

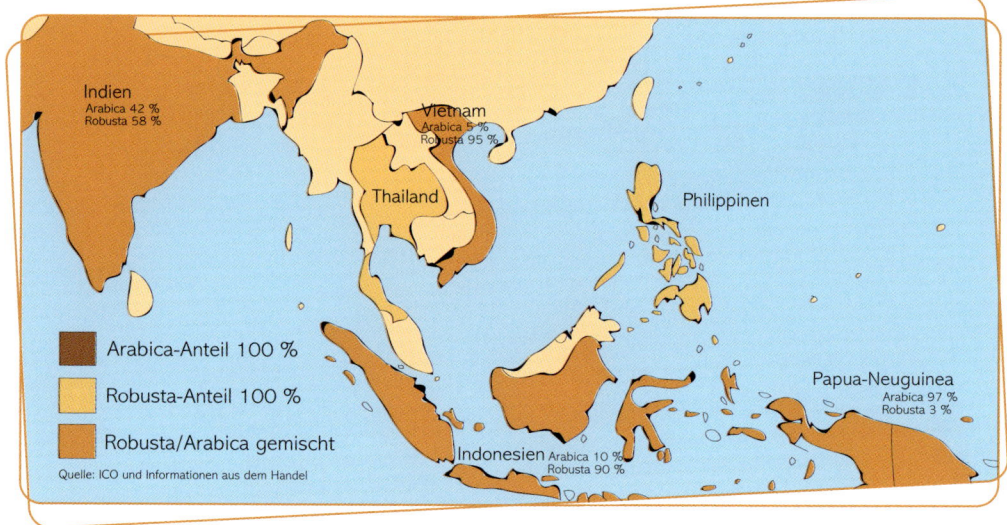

Die wichtigsten Produktionsländer: 3. Asien und Ozeanien

Während Arabica vor allem in den Ländern Lateinamerikas, in Ostafrika, Indien und Papua-Neuguinea angebaut wird, finden sich die großen Robusta-Plantagen vorwiegend in Westafrika, Uganda, Indonesien und Vietnam, aber auch in Brasilien und Indien.

Woher kommt unser Kaffee?

Die beiden bedeutendsten Kaffeeanbauländer sind heute Brasilien und Vietnam. Kolumbien ist auf Rang drei zurückgefallen. Zusammen machen die Ernten dieser drei Länder zwischen 50 und 60 % des jährlich weltweit erzeugten Kaffees aus. Allein Brasiliens Anteil liegt durchschnittlich bei fast 30 %. Diese Vormachtstellung zeigt sich auch in den Mengen, die für deutsche Kaffeegenießer importiert werden: Pro Jahr sind das rund eine Million Tonnen Kaffeebohnen.

Kaffeekirschen

16 Anbaugebiete und Sorten

Rohkaffee-Importe nach Deutschland

in 1000 Sack à 60 kg	2006	Anteil
Brasilien	4748	28 %
Vietnam	3103	19 %
Kolumbien	1528	9 %
Peru	1247	7 %
Indonesien	1032	6 %
Honduras	974	6 %
Äthiopien	655	4 %
El Salvador	428	3 %
Papua-Neuguinea	285	2 %
Indien	364	2 %
Guatemala	294	2 %
Uganda	254	2 %
Kenia	217	1 %
Costa Rica	170	1 %
übrige Länder (Ruanda, Nicaragua, Mexico, ...)	1377	8 %
Gesamt	**16676**	**100 %**

Warum gilt Kaffee als das zweite „Schwarze Gold"?

Mit einem jährlichen Volumen zwischen fünf und 14 Milliarden US-Dollar ist Kaffee der zweitwichtigste Rohstoff, der weltweit an Waren- und Terminbörsen gehandelt wird, gleich hinter Erdöl.

Die Mengen sind beeindruckend: Weltweit wird Kaffee von fast 15 Milliarden Bäumen auf zehn Millionen Hektar Anbaufläche geerntet. Der durchschnittliche Ertrag pro Hektar liegt bei etwas mehr als 550 kg Rohkaffee. Aus den Früchten eines Baumes lässt sich etwa ein knappes Pfund Röstkaffee pro Erntejahr gewinnen.

Das zweite „Schwarze Gold" –
Kaffee als Handelsware

Kaffeeerzeugung:
von der Kirsche zum „Schwarzen Gold"

Mit den reifen, roten „Kaffeekirschen", den Früchten des Kaffeebaumes, beginnt die Kaffeeproduktion. Darin stecken je zwei Kerne – die Kaffeebohnen. Wie wird nun aus diesen Kirschkernen das köstliche Getränk? Nach Anbau, mühevoller Aufzucht und Ernte beginnt die Arbeit erst so richtig: Zahlreiche Schritte und Stufen der Veredelung sind nötig, bis der Kaffee in unseren Tassen dampft und duftet.

Wie wachsen die Kaffeebohnen?

Die Kaffeebäume werden auf Plantagen in subtropischen Ländern gezogen, häufig unter dem Sonnenschutz von Bananenbäumen und meist mit künstlicher Bewässerung und Düngung. Nach drei bis fünf Jahren bringen die Bäume ihre optimale Ernte. In Summe können sie 10 bis 20 weitere Jahre abgeerntet werden. Die Bäume würden eigentlich mehrere Meter hoch wachsen, doch um besser ernten zu können, werden sie auf 1,5 bis 2 m Höhe gehalten. Kaffeebäume blühen und tragen gleichzeitig Früchte. Diese sind zuerst grün und werden dann rot, sobald sie reif sind.

Die Frucht des Kaffeebaums braucht sehr lange, bis sie ihren Reifezustand erreicht hat. Beim Arabica vergehen nach der Befruchtung der Blüte sechs bis acht Monate. Robusta-Kirschen reifen in neun bis elf Monaten.

Spätestens bei der Ernte gibt es die ersten großen Qualitätsunterschiede: Sorgfältiges „Picking", also Pflücken von Hand, holt nur wirklich reife Kirschen mit perfektem Aroma vom Baum. Viel günstiger ist das „Stripping". Hier werden, sobald ein Großteil der Kirschen reif ist, alle maschinell vom Baum geholt und grüne erst später aussortiert.

Um einen Sack Rohkaffee mit 60 Kilogramm zu füllen, müssen rund 100 gut tragende Arabica-Bäume abgeerntet werden.

Kaffeeplantage

Was ist „Rohkaffee"?

Gleich nach der Ernte müssen die Früchte rasch weiterverarbeitet werden: Zunächst wird das Fruchtfleisch entfernt, denn interessant ist nur der Kern. Dies geschieht mittels Maschinen, Fermentierung und viel Wasser. Danach werden die Bohnen bis zu drei Wochen meist in der Sonne getrocknet. Nach der Entfernung der letzten Silberhäutchen sind die Kaffeebohnen je nach Sorte silbergrau, beige oder grün und sehen ein bisschen wie geschälte Erdnüsse aus.

Nur die besten kommen weiter: Da ein paar verdorbene Bohnen mehrere Kilogramm Kaffee unbrauchbar machen können, wird nun jede Bohne noch einmal kontrolliert und nach Größe, Dichte und Farbe sortiert. Das geschieht von Hand oder mit mechanischen bzw. elektronischen Sortiermaschinen. Liegt der Kaffee in den verschiedenen Qualitätsabstufungen vor, wird er als „Rohkaffee" in Säcken, historisch zu 60 kg, abgefüllt und per Schiff in alle Welt verschickt.

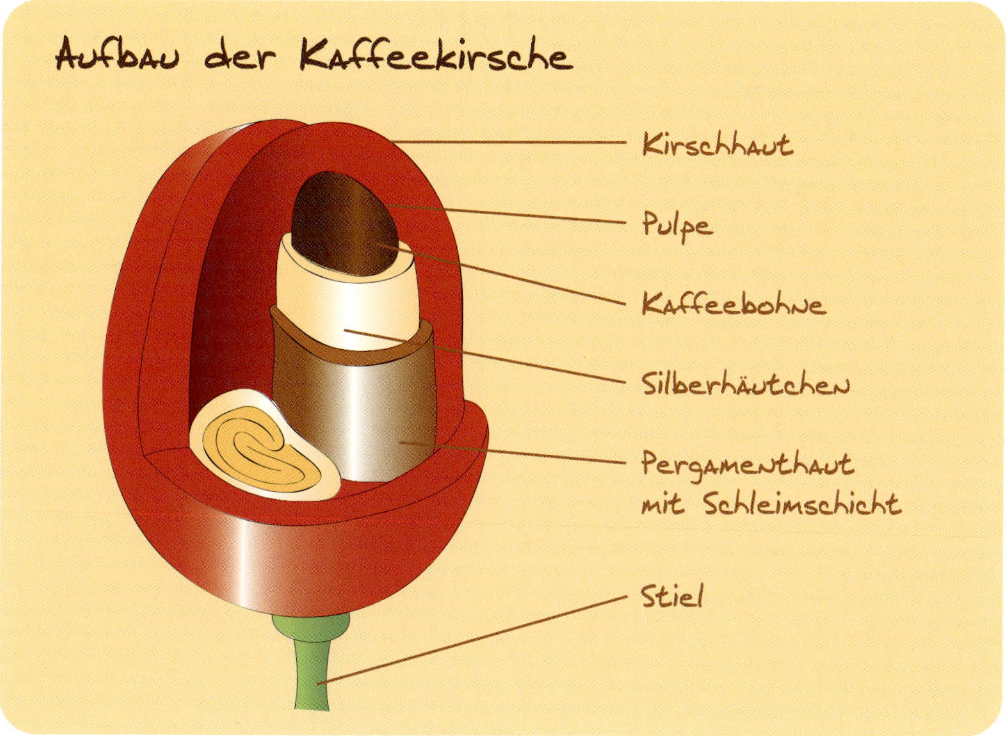

Aufbau der Kaffeekirsche

- Kirschhaut
- Pulpe
- Kaffeebohne
- Silberhäutchen
- Pergamenthaut mit Schleimschicht
- Stiel

Warum ist die Veredelung so wichtig?

Das Rösten des Rohkaffees und das kunstvolle Mischen verschiedener Sorten, um geschmacklich besonders gute „Blends" zu erzielen, machen Kaffee erst zu dem, was er ist. Das Veredeln findet erst in den Importländern statt, damit das Aroma nicht verloren geht. In Deutschland befinden sich die großen Kaffeeröstereien in Hamburg und Bremen. Röstmeister wachen über Röstung und Mischung. Welcher Schritt zuerst getan wird, ist unterschiedlich und hängt von den Sorten ab.

Beim Rösten wird der Rohkaffee trocken in großen Trommeln erhitzt. Das erweckt bis zu 800 Aromastoffe in der Kaffeebohne: Je nach Sorte und Erntejahr sind eine unterschiedliche Röstdauer und Temperatur optimal. Nur durch jahrelange Erfahrung erreichen Röstmeister beste Kaffees. Temperaturen ab 100° C, meist aber zwischen 200 und 260° C entziehen den Bohnen einerseits Feuchtigkeit, andererseits verbinden sich im Inneren der Bohne Zucker und Eiweiße zu aromatischen Verbindungen; Säuren bauen sich ab oder verschwinden ganz. Die Bohnen nehmen an Größe etwas zu, verfärben sich typisch kaffeebraun und erhalten durch austretende Aromaöle eine glänzende Oberfläche.

Ähnlich wie die Top-Winzer ihre Weine, beurteilen die Röstmeister ihre Kaffees nach Aroma (Würze), Säure, Körper (Fülle) und Duft und stellen die optimalen Mischungen zusammen. In den Kaffees aus dem Supermarkt stecken oft vier bis acht verschiedene Sorten und Röstungen. Die Prädikate „Auslese" oder „Premium" kennzeichnen besonders hochqualitative und harmonische Blends.

Der Röstkaffee wird nun als ganze Bohne oder gemahlen luftdicht verpackt, um alle Aromastoffe zu erhalten.

Röstverfahren

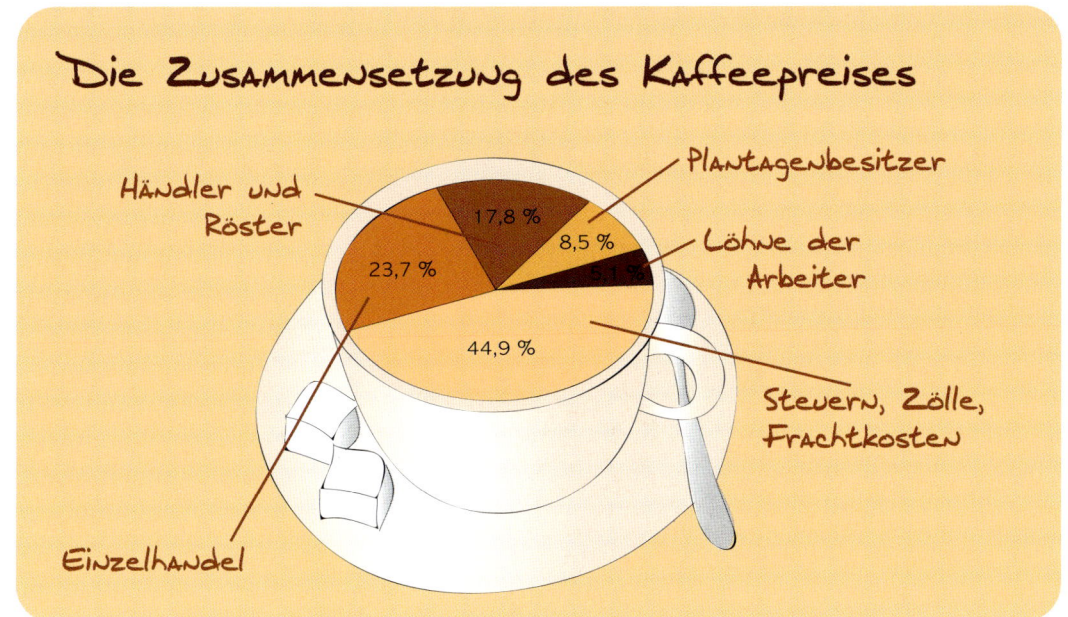

Die Zusammensetzung des Kaffeepreises

- Plantagenbesitzer
- Händler und Röster — 17,8 %
- 8,5 %
- Löhne der Arbeiter
- 23,7 %
- 44,9 %
- Steuern, Zölle, Frachtkosten
- Einzelhandel

Wie wird koffeinfreier Kaffee hergestellt?

Koffein ist der Grund für die anregende Wirkung des Kaffeegetränks, die jedoch nicht alle Kaffeetrinker immer vertragen. Koffeinfreier Kaffee wird erzeugt, indem das in den Rohkaffeebohnen enthaltene Koffein herausgelöst wird. Dafür werden verschiedene Verfahren angewendet, wobei zum Beispiel Wasser und organische Extraktionsmittel oder Kohlensäure eingesetzt werden. Die Extraktion des Koffeins ist kein chemischer Prozess und verläuft sehr schonend. Sonst wird am Kaffee nichts verändert.

Wer verdient am meisten mit Kaffee und was bedeutet „Fair Trade"?

Alle Steuern, Zölle und Frachtkosten zusammengerechnet, macht dies 45 % des Kaffeepreises aus. Das ist ein beträchtlicher Teil. Auch der Einzelhandel profitiert mit 24 %. Die Arbeiter bekommen nur rund 5 % und die Plantagenbesitzer 8 % des Ladenpreises.

Um dieses Ungleichgewicht zu ändern, wurde 1992 die Initiative FAIRTRADE gestartet. Diese gemeinnützige Organisation versucht weltweit den Handel mit Rohstoffen aus Entwicklungsländern, allen voran Kaffee, für die Arbeiter und Bauern in den Ursprungsgebieten fairer zu gestalten. Weltweit leben rund 100 Mio. Menschen vom Kaffee, die für ihre Leistung auch „faire" Preise erhalten sollen. Zwischenhändler werden ausgeschaltet. Fair Trade heißt aber auch „fair play", wenn es um nachhaltigen, ökologischen Landbau oder gute Arbeitsbedingungen geht.

Kaffee und alle anderen fair gehandelten Produkte tragen europaweit das einheitliche FAIRTRADE-Siegel und sind mittlerweile in fast allen Supermärkten erhältlich.

Kaffee heute: Kaffeekult

Weltweit ist die Kaffeenachfrage in den letzten zehn Jahren um beachtliche 17 Prozent gestiegen. Europa importiert den größten Anteil der Weltproduktion – kein Wunder, denn hier finden sich die wahren Kaffeefans. Aus dem einfachen Überbrühen von gemahlenem Kaffee haben sich zahlreiche Zubereitungsarten entwickelt. Die neuesten Trends sind Kaffee in Dosen und die Coffee-Shops ganz nach amerikanischem Vorbild in unseren Citys.

Wer sind die Kaffeefans in Europa?

In die EU werden jährlich rund 2290 Tonnen Rohkaffee importiert. In Europa haben dabei jedoch nicht die Südländer, sondern die Skandinavier die Nase vorne: Jeder Finne genießt jährlich Kaffee aus 12,7 kg Rohkaffee. Rund neun Kilogramm werden jährlich pro Kopf in Norwegen, der Schweiz und Dänemark verarbeitet. Danach folgen die Österreicher und Schweden mit rund 8 kg und Belgier/Luxemburger mit 7 kg.

Deutschland liegt im Ranking von 32 Industrienationen auf Platz acht mit rund 6 kg pro Kopf und damit noch vor den so genannten Kaffeenationen Italien und Frankreich. Der erste Nicht-Europäer ist Kanada auf Platz zehn.

Die große Überraschung ist die Türkei. Denn die Türken, die ursprünglich den Kaffee nach Europa brachten, liegen an letzter Stelle mit 0,8 kg Rohkaffee-Verbrauch. Länder im Osten von Europa bzw. Großbritannien und Irland sind ebenfalls keine Kaffeenationen.

Durchschnittlich trinkt jeder Deutsche vier Tassen Kaffee pro Tag. Das entspricht 160 Litern pro Jahr. Damit ist Kaffee noch vor Bier das beliebteste Getränk in Deutschland.

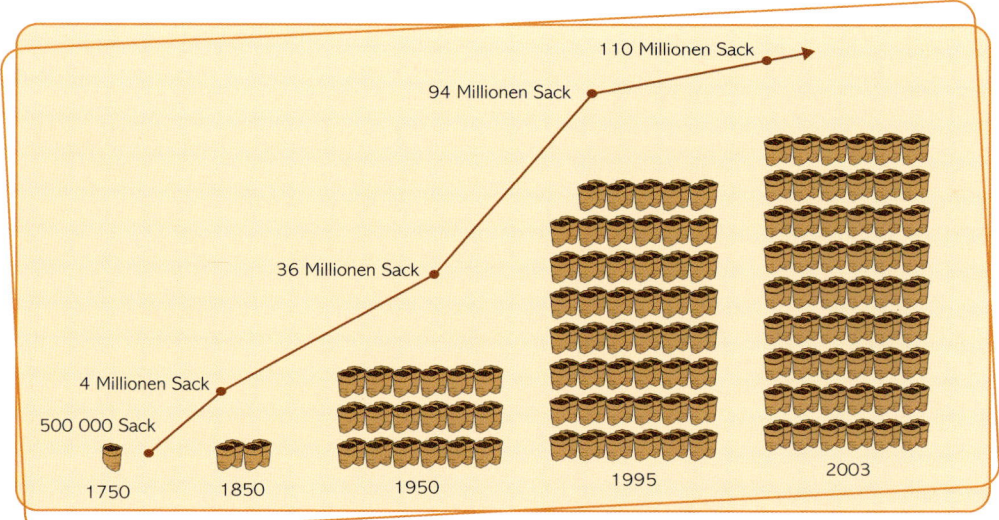

110 Millionen Sack

94 Millionen Sack

36 Millionen Sack

4 Millionen Sack

500 000 Sack

| 1750 | 1850 | 1950 | 1995 | 2003 |

Entwicklung des Welt-Rohkaffeeverbrauchs in den letzten 250 Jahren

Pro-Kopf-Verbrauch in ausgewählten Konsum-Ländern (2005) in kg Rohkaffee

1. **Finnland**	**12,7**		17. Spanien	4,2
2. Norwegen	9,7		18. **USA**	**4,2**
3. Schweiz	9,1		19. Slowakei	4,1
4. Dänemark	8,8		20. Malta	3,5
5. **Österreich**	**8,1**		21. Algerien	3,5
6. Schweden	7,7		22. Polen	3,4
7. Belgien/Luxemburg	7,2		23. Japan	3,4
8. **Deutschland**	**6,2**		24. Australien	3,3
9. Italien	5,7		25. Irland	3,3
10. Kanada	5,6		26. Tschechien	3,3
11. Niederlande	5,4		27. Großbritannien	3,2
12. Frankreich	5,0		28. Rumänien	2,4
13. Zypern	5,0		29. Ungarn	2,3
14. Griechenland	5,0		30. Russische Föderation	1,3
15. Portugal	4,5		31. Ukraine	1,3
16. Lettland	4,3		32. **Türkei**	**0,8**

Und: Warum ist Kaffee eigentlich doch so teuer?

In Deutschland wird auf alle kaffeehaltigen Waren die so genannte Kaffeesteuer erhoben. Pro Kilogramm Röstkaffee werden z. B. vom Fiskus 2,20 EUR vereinnahmt. 1 kg löslicher Kaffee muss mit 4,80 EUR versteuert werden. Somit besteht der Preis für 500 g Röstkaffee z. B. von 3,80 EUR zu 30 Prozent aus Steuern. Was doch eine ganze Menge ist.

Welche Zubereitungsarten sind bei uns die beliebtesten?

Es begann mit dem einfachen Überbrühen von gemahlenen oder zerstoßenen Bohnen in Kännchen. Nun genießen wir Filterkaffee, Espresso aus Tabs, Cappuccino zum Anrühren mit heißem Wasser oder sogar fertigen Kaffee in Dosen.

Bei diesen vielen Zubereitungsvarianten bleibt der Filterkaffee aus gemahlenen Bohnen der

Klassiker, doch auch Löskaffee und vor allem die neuen Angebote wie Kaffeetabs oder -kapseln bringen frischen Wind in die Küchen der Kaffeegenießer. Etwa acht Prozent des Röstkaffees werden in Deutschland koffeinfrei genossen.

2006 wurde beispielsweise in Deutschland doppelt so viel Kaffee in Pads bzw. Kapseln gekauft als noch 2005. D. h., 14 000 Tonnen gingen bereits portionsweise verpackt über den Ladentisch. Auch Espressosorten werden immer beliebter. Hier hat sich der Verbrauch seit 2004 verdoppelt. In Österreich bereiten bereits 40 Prozent der Haushalte ihren Kaffee zumindest hauptsächlich mit automatischen Espressomaschinen zu.

Trendsieger ist jedoch der Löskaffee in allen Varianten – vom klassischen Granulat bis zu den Mischungen wie Latte Macchiato oder Cappuccino Vanille oder fertig zubereiteter Kaffee in der Dose. Um Löskaffee zu gewinnen, wird bereits aufgebrühtem Kaffee (Filterkaffee oder Espresso) durch Gefriertrocknen das gesamte Wasser wieder entzogen. Wenn es Cappuccino-Pulver werden soll, setzt man noch je nach Geschmacksrichtung Zucker, Milchpulver und Aromen bei.

Und: Woher kommt die neue Coffee-Shop-Kultur?

Anders als die Kaffeehaus-Tradition in Europa sind die ersten Coffee-Shops in den USA entstanden. Coffee-to-go, d. h. einen großen Becher Cappuccino oder Caffè Latte an einem Kiosk oder in einem Shop holen und den Kaffee auf dem Weg zur Arbeit oder beim Shopping genießen. Das hat es bei uns zuvor nicht gegeben.

Im Gegensatz zu den Briten tranken die Amerikaner schon von jeher Kaffee, doch erst Reisen nach Europa zeigten, dass es noch etwas anderes als das dort bisher bekannte dünn gebrühte Getränk gab. Der erste Coffee-Shop wurde 1971 von „Starbucks" in Seattle eröffnet. Nach zwölf Jahren gab's dort dann neben Kaffeebohnen erstmals auch frischen Espresso. Vorbild waren die Espressobars in Italien. Doch den Amerikanern fiel noch mehr ein:

Coffee-Shops der großen Ketten sind modern eingerichtete Lokale, die alle Varianten von Kaffee in feiner Qualität bieten. Neben einem Take-away-Tresen gibt's auch bequeme Plätze, häufig mit Sofas zum längeren Bleiben. Die Auswahl ist klein, aber fein und bietet die wichtigsten Varianten von Caffè Latte über Latte Macchiato bis Cappuccino in verschiedenen Größen bis super-size. Das kennen wir doch von irgendwoher! Und das Wichtigste: Der Service ist immer sehr schnell.

Mit Sirupen, wie etwa Karamell, Kokosnuss oder Macadamia-Schokolade und Gewürzen kann man seinen „Coffee" noch beliebig verfeinern. Das zieht die Teenager und Twens in die modernen Shops. Dazu gibt's, typisch amerikanisch, Cookies, Doughnuts, Brownies oder Muffins. Mittags sind Sandwiches der Schlager.

Dieses Konzept eroberte ab 1996 die ganze Welt mit dem ersten Shop in Tokio. Um 2000 startete die Expansion in Europa. Mittlerweile gibt's 12 500 Shops in rund 40 Ländern.

Mit dieser neuen Kultur haben auch die Jugendlichen Kaffee wieder für sich entdeckt. In ganz Deutschland finden sich inzwischen vor allem in städtischen Bereichen rund 100 solcher Shops.

Was auffällt, sind jedoch die Preise: Mit bis zu 3,50 EUR für einen großen Caffè Latte oder 3,70 EUR für einen „Iced Moccacino" und Aromasirup noch für 50 Cent extra geht der Genuss doch sehr ins Geld.

Doch trotz der zahlreichen Coffee-Shops sterben die klassischen Kaffeehäuser nicht aus. Die besten Häuser der Stadt punkten mit frischen, selbst gebackenen Mehlspeisen, einer größeren Karte und deutlich moderateren Preisen.

Milchschaumtipp Nr. 1

Milchschaum lässt sich mit Milch aller Fettstufen gleich gut herstellen. Allein Ihr Geschmack entscheidet, ob Sie Ihren Kaffee lieber mit Vollmilch, fettarmer oder entrahmter Milch trinken.

Milchschaumtipp Nr. 2

Sie machen Ihren Milchschaum mit einer Kaffeemaschine mit Dampfdüse? Dann ist es wichtig, dass das Gerät eine starke Heizung hat. Ist die Heizung der Maschine zu schwach, gerät zu viel Wasserdampf in die Milch, der das Ganze verwässert.

Tipps & Tricks – Was sind die Geheimnisse guten Geschmacks?

Die Favoriten zuhause sind immer noch Filterkaffee, Löskaffee und Espresso. Dazu gibt es zahlreiche Tipps, damit Kaffee noch besser gelingt. Für alle Arten der Kaffeezubereitung gilt, dass für die Qualität die Bohnen, der Mahlgrad bzw. die Qualität und Temperatur des Wassers ausschlaggebend sind. Und natürlich gilt: Frischer Kaffee schmeckt am besten.

Mahlgrad, Aufbewahrung und Dosierung.

Ein guter Kaffee beginnt mit gerösteten Bohnen in Top-Qualität und einer runden Mischung. Diese brauchen einen kühlen, trockenen und geruchsfreien Aufbewahrungsort, denn gemahlener Kaffee nimmt sehr schnell fremde Gerüche an. Und sobald die Kaffeepackung angebrochen ist, setzt die Gefahr des Frischeverlusts ein. Dem kann man entgegenwirken, indem die Packung fest verschlossen und weiterhin kühl aufbewahrt wird. Am längsten ist Kaffee in seiner Originalverpackung in einer gut verschließbaren Dose (z. B. mit Dichtungsring) im Kühlschrank aufgehoben. So wird das Aroma geschont, und die Öle des Kaffeepulvers greifen die Dose nicht an. Da diese Öle im Lauf der Zeit ranzig werden können, würden sie den Geschmack immer wieder nachgefüllten Kaffees verderben. Am besten schmeckt natürlich frisch gemahlener Kaffee. Für Filterkaffee empfiehlt sich ein mittlerer Mahlgrad. Für Espresso ist fein gemahlener Kaffee zu bevorzugen. Vorsicht bei elektrischen Kaffeemühlen: Oft wird das Pulver wegen der hohen Drehzahl zu warm. Dann duftet es zwar herrlich nach Kaffee, aber die Aromastoffe verflüchtigen sich zu früh.

Die richtige Dosierung des Kaffeepulvers ist wichtig: Für eine Normaltasse (150 ml) gelten 6 bis 9 g als üblich (das sind 45–60 g pro Liter); für Löskaffee: 2 Gramm. Für Mokka gilt die doppelte, für Espresso die dreifache Menge Pulver. Weniger ergibt einen zu schwachen Kaffee, mehr wäre Verschwendung.

Mahlen von Kaffee mit der Kaffeemühle

Frisches Wasser.

Der Kaffee lebt nicht von den Bohnen allein – die Qualität des Wassers beeinflusst ebenfalls den Geschmack des Kaffees. Ideales Kaffeewasser ist frisch und kalt. Dann ist der Sauerstoffgehalt am größten, was sich positiv auf den Geschmack des Kaffees auswirkt. Bereits nach einem Tag ist Wasser abgestanden und führt zu Beeinträchtigungen im Geschmack. Mineralwasser sollte auf keinen Fall verwendet werden, denn das kann Kaffeemaschinen beschädigen.

Sollte das Leitungswasser sehr hart, d. h. kalkhaltig sein, ist ein Wasserfilter aus dem Kaufhaus eine gute Wahl. Er harmonisiert nicht nur die Wasserhärte und sorgt so für besseres Aroma, sondern sichert auch eine längere Lebensdauer der Kaffeemaschine.

> Schlagen Sie die Sahne am besten immer selbst, denn so schmeckt sie viel besser als fertige Sahne aus der Sprühdose. Falls die Schlagsahne nicht steif wird, können Sie während des Schlagens ein paar Tropfen Zitronensaft zufügen oder Eiweiß daruntermischen. Süßen sollten Sie die Sahne erst ganz zum Schluss.
>
> **Schlagsahnetipp Nr. 1**

Worin liegen die Vorteile der verschiedenen Zubereitungsarten?

Frisch genießen. Frisch aufgebrühter Kaffee sollte auch frisch getrunken werden. Mit einer Kaffeemaschine kann man schnell und einfach einen guten Kaffee zubereiten – warum also auf Vorrat brühen? Lässt man Kaffee in einer einfachen Glaskanne länger als 20 Minuten auf der Heizplatte stehen, verliert sich das Aroma und der Kaffee wird bitter. Wenn Kaffee länger heiß gehalten werden soll, eignet sich eine vorgewärmte Thermoskanne am besten.

Zubehör. Kaffeekannen aus Glas oder Porzellan bewahren das Aroma des Kaffees besser als Kannen aus Metall oder Blech. Auch das Kaffeezubehör (Filter, Kanne, ...) will gereinigt werden. Dadurch wird eine Ablagerung der Kaffeeöle verhindert, die sonst den Kaffee ranzig schmecken lassen könnten. Entgegen einer verbreiteten Auffassung reicht es nicht aus, die Kaffeekanne nach Gebrauch kurz mit klarem Wasser auszuspülen. In diesem Fall lagert sich Kaffeeöl ab, das mit der Zeit gerinnt und den Kaffee bitter macht.

Lässt die Kaffeemaschine auffällig viel Dampf ab, wird das Wasser zu sehr erhitzt; das Ergebnis ist bitterer Kaffee. In diesem Fall sollte die Maschine entkalkt werden.

Kaffeebrühen per Hand. Experten schwören, dass man den besten Kaffee per Hand filtert. Dabei sollte die Brühzeit vier bis sechs Minuten betragen. Zu kurz gebrüht, bedeutet zu wenig Aroma und zu wenig Säure. Zu langsames Brühen führt dazu, dass sich die angenehmen Aromastoffe größtenteils verflüchtigen und die unangenehmen Bitterstoffe durchschmecken. Der Mahlgrad der Bohnen soll relativ grob sein.

Wenn das Wasser gerade aufwallt, hat es die optimale Temperatur (92 bis 96° C) zum Aufgießen des Kaffees. Die bekanntesten Utensilien dafür sind die Karlsbader Kaffeekanne und die italienische „Pressstempelkanne". Der so zubereitete Kaffee ist besonders mild und bekömmlich. Da kein Filterpapier verwendet werden muss, wird das Aroma auch nicht verfälscht.

Per Hand gebrühter Kaffee ist rasch am Tisch, man benötigt neben gutem Kaffee nur einen Wasserkocher und keine teuren Maschinen. Diese manuellen Kaffeekannen gibt es in zahlreichen Designs – von retro bis topmodern.

Wenn man Milchschaum für sein Kaffeegetränk braucht, darf man die Milch nicht bis zum Siedepunkt erhitzen. Sobald die Milch eine Temperatur von mehr als 65° C erreicht, bekommt man keinen Milchschaum mehr hin. Um die Temperatur der Milch kontrollieren zu können, nehmen Sie am besten ein Bratenthermometer. Die optimale Temperatur der Milch für leckeren Milchschaum liegt zwischen 60 und 65° C.

Die Milch erhitzen Sie am besten in einem Aufschäumbehälter oder direkt mit dem Cappuccinatore. Das Aufschäumen von Hand klappt am besten mit einem Schneebesen mit vielen Windungen. Achten Sie darauf, dass Sie die Milch direkt unter der Oberfläche aufschäumen. Damit sich der Schaum anschließend von der Milch trennen kann, stellen Sie die fertig aufgeschäumte Milch noch eine Minute beiseite, bevor Sie die Milch in die Cappuccinotasse geben.

Filterkaffee. Die klassische Filter-Kaffeemaschine steht in 95 Prozent aller deutschen Haushalte. Diese übernimmt nach dem Einfüllen des Pulvers den Aufguss fast selbstständig und bis man sich geduscht, angezogen und die Zähne geputzt hat, steht frischer Kaffee bereit. Ein Vorteil ist, dass man bei größeren Maschinen auch gleich eine sehr große Menge an Kaffee bekommt. Kaffeegourmets geben sich aber nur sehr selten mit Kaffee aus Filtermaschinen zufrieden. Produkttests ergeben auch immer wieder, dass es große Qualitätsunterschiede zwischen den Maschinen gibt.

Die Kosten überzeugen, denn rechnet man für 500 g Qualitätskaffee ca. **4,50 EUR**, dann liegen die Kosten pro Tasse Filterkaffee (8 g) bei sehr günstigen **7 Cent**.

Löskaffee. Löskaffee oder Instantkaffee, wie wir ihn heute kennen, kam erstmals 1965 in den deutschen Handel. Moderner Löskaffee ist ein leicht lösliches Granulat aus gefriergetrocknetem Bohnenkaffee, ohne weitere Zusätze. Alle Aromastoffe bleiben beim Brühen in modernen Maschinen bestehen, und durch dieses schonende Trocknungsverfahren wird der Geschmack auch nicht verfälscht.

Begleitet durch zahlreiche Innovationen bei der Herstellung und Verbesserungen der Qualität, ist die Beliebtheit von Löskaffee bis heute ungebrochen, denn die Vorteile liegen auf der Hand: Kaffee kann ganz rasch in der Tasse mit heißem Wasser zubereitet werden und mit der Dosierung kann man die Stärke je nach Belieben genau beeinflussen. Im Sommer ist Löskaffee besonders praktisch, da sich das Granulat auch mit kaltem Wasser für Eiskaffee perfekt zubereiten lässt.

Experten wissen: In Löskaffee sind meist die besten Bohnenqualitäten verarbeitet.

Die Kosten überzeugen auch hier, denn 100 g Instantkaffee kosten ca. **4,80 EUR** (beim Discounter noch billiger zu haben). Der Preis pro Tasse Löskaffee (2 g) liegt damit bei günstigen **10 Cent**.

Espressomaschinen machen die besten Espressos, da gibt es nichts dran zu rütteln. Achten Sie darauf, dass die Durchlaufzeit Ihrer Espressomaschine um die 25 Sekunden beträgt. Ist sie kürzer, schmeckt der Espresso fade und sauer, ist sie zu lang, wird er zu bitter.

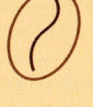

Das Glas, die Kaffee- oder Espressotasse wärmen Sie am besten immer vor, bevor Sie das Kaffeegetränk hineinfüllen. Sonst ist es mit dem Kaffeegenuss nämlich schnell vorbei, denn kalter Kaffee ist für die meisten Kaffeetrinker nun mal wirklich „kalter Kaffee". Besonders bei Kaffee-Mixgetränken, denen eine gekühlte Flüssigkeit hinzugefügt wird, ist der Kaffee im Handumdrehen heruntergekühlt und schmeckt nur noch halb so gut wie im heißen Zustand.

Espresso. Die Italiener kennen kaum anderen Kaffee als „Espresso" oder seine beliebteste Serviervariante „Cappuccino" mit Milchschaum. Espresso ist der kürzeste und schnellste Kaffee: Sehr wenig Wasser wird mit 90° C und sehr hohem Druck durch das Kaffeemehl gepresst. Die Veredelung von Espressobohnen unterscheidet sich von normalem Röstkaffee und der Mahlgrad ist feiner. Die bekanntesten Marken sind wohl Illy, Lavazza und Segafredo. Durch diese geringe Wassermenge hat kein anderer Kaffee eine so dicke Konsistenz und die berühmte „Crema". In Italien wird Espresso nur in vorgewärmten Tassen serviert.

Für die Zubereitung von echtem Espresso benötigt man zuhause das passende Zubehör: Das einfachste und günstigste Hilfsmittel ist der italienische Espressokocher für die Herdplatte. Im unteren Teil befindet sich Wasser, in der Mitte das Kaffeemehl und im oberen Teil sammelt sich das fertige Getränk. Durch Erhitzen des Wassers entsteht Dampf, der im Kaffee die Aromastoffe löst und dann im oberen Teil wieder kondensiert. Der Kaffee aus diesen Geräten schmeckt würzig-käftig. Es ist aber kein hundertprozentiger Espresso, da sich die typische Crema damit nicht erzielen lässt. Trotzdem haben diese Espressokocher einen großen Vorteil: Ab etwa 7,00 EUR kann man Neues probieren.

Richtige Espressomaschinen gibt es ab ca. 190,00 EUR aufwärts zu kaufen. Mit Milchdüse noch um etwa 100,00 EUR mehr. Dabei unterscheidet man Modelle, die aus ganzen Bohnen (Vollautomaten), aus bereits gemahlenem Kaffee (Siebträger-Maschinen) oder aus Kaffeeportionen (Kapselgeräte) Espresso zubereiten.

Espressokocher

Während Vollautomaten vor allem in der Anschaffung mehr kosten, gehen bei den Kapselgeräten die Kaffeeportionen ins Geld. Bei Siebträgermaschinen kommt dazu, dass die Handhabung aufwändiger ist, da ja der Kaffee erst gemahlen bzw. gemahlen eingepresst werden muss. Bei den Kapseln besteht der Vorteil, dass jede Tasse eine andere Espresso-Sorte sein kann und die Zubereitung rasch und bequem ist. Das eignet sich besonders gut im Büro oder für Gäste. Vielleicht sind sie gerade deshalb so beliebt. Hersteller bieten bis zu 15 Espressovarianten inkl. koffeinfrei an. Leider fällt hier Aluminium bzw. Kunststoffmüll an. Wichtig für langen Kaffeegenuss ist es, alle Maschinen regelmäßig zu entkalken.

Espressogenuss kommt etwas teurer: 500 g Bohnen kosten ab **5,00 EUR**. Für eine Tasse benötigt man etwa 20 g. Somit kommt ein Espresso auf mindestens **20 Cent**. Espresso aus Kapselgeräten kostet je nach Sorte und Hersteller zwischen **25 und 35 Cent** je Tasse.

Portionsmaschinen. Neben den echten Espressomaschinen gibt es auch noch Maschinen, die aus gemahlenen Kaffeeportionen (oder sogar Tee, Kakao, usw.), allerdings zum Teil ohne erhöhten Druck, ein Heißgetränk bereiten. Diese Portionen sind meist in Scheibenform (Pads) verpackt.

Doch nicht immer ist in diesen Pads reiner Kaffee. Ein Blick auf die Packung zeigt, dass manchmal auch Aromen, gehärtete Fette, Emulgatoren oder Glukose als Süßungsmittel zugesetzt sind.

Discounter bieten hier die Portion schon ab **10 Cent** an. Markenkaffee kostet ab ca. **14 Cent bis zu 25 Cent** je Tasse.

Cappuccinopulver und Kaffee aus der Dose. Bequem vor allem auf Reisen sind diese Varianten. Doch beide Produkte enthalten neben Kaffeeextrakt sehr viele Zusatzstoffe wie Glukose bzw. Zucker, gehärtete Fette, Aromen, Salz, Farbstoffe und Stabilisatoren, die vor allem in großen Mengen nicht für jeden gut verträglich sind. Diese Getränke sind auch Kalorienbomben: So hat eine Tasse aus Cappuccinopulver rund 40 bis 60, eine Dose mit 250 ml schon 140 Kalorien.

Für Kaffeegourmets sind diese Getränke wahrscheinlich eher Milk-Shakes als echter Kaffee.

Auch der Preis überzeugt nicht, denn eine Portion Cappuccino kommt so auf **22 bis 28 Cent**, eine Dose im Handel gibt's ab **1,00 EUR bis 1,30 EUR**. An Kiosks oder in Tankstellenshops liegen die Preise noch deutlich darüber.

Wenn Sie Schlagsahne einkaufen, haben Sie die Qual der Wahl: Frische süße Sahne hält sich im Kühlschrank nur vier bis sechs Tage lang, ultrahocherhitzte dagegen schon ohne Kühlung sechs Wochen. Die sterilisierte kann man dann bis zu ein Jahr lang lagern. Der Nachteil an konservierten Produkten ist jedoch, dass sich der Geschmack durch die Konservierungserwärmung verändert.

Schlagsahnetipp Nr. 2

Kaffee und Gesundheit

Kaffeetrinker können sich freuen: Kaffee, und vor allem das darin enthaltene Koffein, hat positive Wirkungen: Es fördert die Konzentration, zügelt den Appetit und kann sogar Kopfschmerzen abwehren und die Stimmung heben. Enthaltene Mineralstoffe und Vitamine helfen dem Körper beim Stoffwechsel. Einzig Schwangere bzw. stillende Frauen und Personen mit Bluthochdruck oder Herzkrankheiten sollten beim Kaffeetrinken aufpassen.

Welche Inhaltsstoffe finden sich in Kaffee?

Rund 800 bis 1000 Substanzen tragen zum Kaffeegenuss bei. Neben der bekanntesten – Koffein – gehören Säuren, Öle, Aromastoffe, Wasser und sogar Mineralstoffe und Spurenelemente wie Kalzium und Magnesium dazu. Daneben hat Kaffee (ohne Zucker und Milch getrunken) kaum Kalorien.

Koffein. Koffein ist der wohl bekannteste Inhaltsstoff und seit 1820 intensiv erforscht. Damals konnte Koffein erstmals vom deutschen Chemiker Runge isoliert werden. Von Natur aus ist Koffein in Kaffee, Tee, Kakao, Kolanüssen, Guarana und Mate enthalten. Eine Tasse Filterkaffee enthält rund 80 mg Koffein. Wer etwa drei bis vier Tassen Kaffee täglich trinkt, braucht sich wegen eventueller schädlicher Folgen des Koffeingenusses nicht zu sorgen. Im Gegenteil – in so geringen Mengen zeigt sich das Koffein in der Regel von seiner positiven Seite: Es regt an, vertreibt Müdigkeit und steigert die Leistungsfähigkeit.

150 ml Filterkaffee enthalten rund 80 mg Koffein, genauso viel wie eine Dose Energy-Drink. Der Espresso (25 ml), ein kleiner, schwarzer und starker Kaffee, enthält rund 25 bis 30 mg Koffein. 125 ml aus löslichem Kaffee können zwischen 60 und 100 mg Koffein enthalten. Koffeinfreier Kaffee weist lediglich eine Restmenge von 1 bis 4 mg auf.

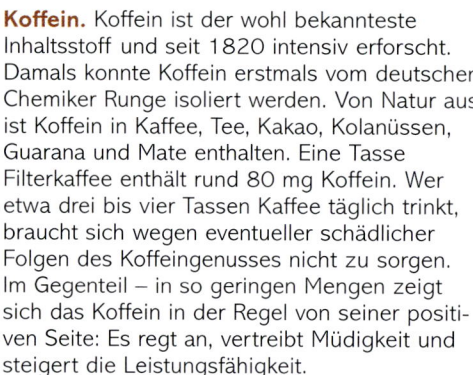

Zum Vergleich: Der Teetrinker nimmt mit einer gleichen Menge Tee, drei Minuten gezogen, zwischen 20 und 50 mg Koffein zu sich. Die typische 0,33 Liter große Cola-Dose enthält rund 40 mg Koffein.

Aus medizinischer Sicht ist Koffein ein mildes Anregungsmittel für das zentrale Nervensystem. Es aktiviert Hormone, die wiederum Herztätigkeit, Stoffwechsel und Atmung anregen und die Blutgefäße im Gehirn erweitern. Aufgrund seiner Eigenschaften wird das Koffein als Hilfs- und Wirkstoff in vielen Medikamenten eingesetzt, z. B. bei der Behandlung von Asthma, in Schmerzmitteln oder Appetitzüglern.

Doch Koffein trägt auch zu etwa einem Drittel geschmacklich zur herben Note des Kaffees bei. Natürlich gilt auch für Koffein, dass zu viel des Guten schaden kann. Einen festen Wert für die Grenze, an der Koffein das Wohlbefinden beeinträchtigt, gibt es nicht. Kaffeetrinker sollten deshalb einfach individuell beobachten, wie viel gut und wie viel zu viel des Guten ist. Zu viel Kaffee (etwa acht Tassen, schnell hintereinander getrunken) kann Zittrigkeit, Herzrasen, Bluthochdruck oder Angstgefühle auslösen. Entgegen mancher Meinung ist Kaffee ein Genussmittel und keine Droge, die süchtig macht. Einzig Kopfschmerzen können auftreten, wenn man nach regelmäßigem Konsum plötzlich keinen Kaffee mehr trinkt.

Koffeinanteile in Milligramm:

150 ml Filterkaffee .... 80 mg

125 ml löslicher Kaffee ....60–100 mg

25 ml Espresso ....25–30 mg

125 ml Tee ....20–50 mg

250-ml-Dose
Energy-Drink ....80 mg

125 ml koffeinfreier Kaffee ....1–4 mg

150 g Zartbitter-
schokolade ....15–115 mg

150 ml Kakao ....2–6 mg

0,33-l-Dose Cola ....ca. 40 mg

Schmerzmittel (1 Einnahmedosis) ....30–100 mg

Aromastoffe. Das Geheimnis um die Aromastoffe im Kaffee ist noch immer nicht zur Gänze gelüftet: Man nimmt an, dass mehr als 800 Substanzen zum typischen Geruch und Geschmack beitragen. Das ist auch der Grund, warum es noch kein Kaffeearoma aus dem Labor gibt. Erst kürzlich wurde ein morphinartiger Stoff im Kaffee entdeckt. Demnach hat selbst koffeinfreier Kaffee eine euphorisierende und Schmerz stillende Wirkung.

Kommt Kaffee mit Milch in Kontakt, dann büßt er an Aroma ein. Je höher der Fettgehalt der Milch, desto weniger Aroma bleibt.

Säuren. Bis zu 80 verschiedene Säuren wurden im Kaffee entdeckt. Chlorogensäure, die wichtigste davon, regt die Verdauung an. Das ist der Grund, dass Kaffee gerne nach dem Essen getrunken wird. Wichtig dabei ist, dass er dann (fast) ohne Milch getrunken wird, da er sonst schwerer verdaulich ist. Diese Wirkung hat übrigens auch koffeinfreier Kaffee. Durch Rösten wird beispielsweise die in der Bohne enthaltene Nikotinsäure in das B-Vitamin Niazin umgewandelt.

Sind manche Zubereitungsarten schonender?
Ja, es gibt beispielsweise Unterschiede zwischen Espresso und Filterkaffee: Filterpapier filtert die Lipide (Fette) Cafestol und Kawheol heraus, die sich negativ auf den Cholesterinspiegel auswirken können.

Espresso wiederum ist schonender als Filterkaffee. Denn einerseits enthalten Espressobohnen durch die eigene Veredelung weniger Reizstoffe, andererseits nimmt der heiße Wasserdampf weniger Säuren in die Tasse mit.

Warum macht Kaffee wieder munter?
Koffein regt das zentrale Nervensystem an und verlängert die Aktivitätsphase. Gleichzeitig werden Konzentration und Aufmerksamkeit erhöht. Bereits ab 30 Minuten beginnt das Koffein zu wirken. Die Wirkung erreicht nach 2,5 Stunden ihren Höhepunkt und endet nach durchschnittlich etwa fünf bis sechs Stunden, wobei Raucher und schlanke Menschen Koffein deutlich schneller abbauen. Paradox ist, dass Kaffee manchen Menschen sogar das Einschlafen erleichtern kann, denn die vermehrte Durchblutung des Gehirns aktiviert einerseits das Schlafzentrum (zumeist bei Personen mit niedrigem Blutdruck), andererseits wirkt Kaffee, bis die Wirkung des Koffeins einsetzt, beruhigend.

Mineralstoffe und Vitamine. Rohkaffee besteht zu etwa vier Prozent aus Mineralstoffen und Spurenelementen, die auch zu etwa 90 Prozent in das Getränk übergehen. Darunter sind vor allem Kalzium, Kalium, Magnesium und Phosphor. Diese Vitalstoffe benötigt der menschliche Körper u. a. für den Stoffwechsel, den Knochen- und Zahnaufbau und zur Steuerung von Muskeln und Nerven. Zu den Inhaltsstoffen zählen auch die B-Vitamine (B_2, B_3, B_5 und B_6). Diese Vitamine benötigt unser Körper u. A. zur Energiegewinnung, beim Stoffwechsel, zur Blutbildung und für das Haut- und Haarwachstum.

Wann sollte weniger oder kein Kaffee getrunken werden?

Schwangerschaft und Stillzeit. Forschungen haben gezeigt, dass Koffein über die Nabelschnur bzw. durch die Muttermilch zum Kind gelangt. Da es vom Baby nur sehr langsam abgebaut werden kann, wird geraten, nur ein bis zwei Tassen pro Tag, idealerweise koffeinfrei, zu trinken.

Hoher Cholesterinspiegel. Personen mit erhöhtem Cholesterinspiegel sollten ebenfalls weniger und nur mittels Papier gefilterten Kaffee trinken. Denn Papierfilter filtern auch bestimmte Fette, die im Kaffee enthalten sind, heraus.

Bluthochdruck. Personen mit Bluthochdruck, Herzkrankheiten oder Leberschwäche sollten den Kaffeegenuss mit ihrem Arzt absprechen.

Homöopathische Medizin. Die Wirkung von homöopathischen Medikamenten kann durch Koffein herabgesetzt oder ganz aufgehoben werden. Daher sollte während einer Behandlung kein Kaffee getrunken werden.

Entzieht Kaffee unserem Körper Wasser?

Hier teilen sich die Meinungen. Einige Experten sind überzeugt, dass Kaffee nicht dehydrierend wirkt, andere sagen, dass Kaffee die Blutgefäße – eben auch in den Nieren – erweitert und so zu einer schnelleren Wasserausscheidung beiträgt. Das ist an sich nichts Schlechtes, man sollte nur auf genügend Flüssigkeitszufuhr achten und einfach ein Glas Wasser zu jedem Kaffee trinken.

Kurioses rund um Kaffee

Rund um Kaffee gibt es einiges Wissenswertes und Kurioses – oder hätten Sie gewusst, dass …

… der italienische Cappuccino nach den „Kapuziner-Mönchen" benannt ist?

Der große Mokka mit Milch und einem Klacks Sahne sieht aus wie die braune Kutte und die Sahnehaube wie die geschorene Glatze.

… der teuerste Kaffee der Welt rund 1.000 EUR pro Kilogramm kostet?

Auf den Inseln Indonesiens fressen bestimmte Schleichkatzen (Zibetkatze) die Kaffeekirschen der Sorte „Kopi Luwak" und scheiden die Bohnen fermentiert wieder aus. Nach dem Mahlen und Kochen schmeckt dieser Kaffee stark und erdig. Sein Geschmack ist vor allem in Japan, China, Taiwan und Australien sehr geschätzt. Ein Espresso kommt damit auf sechs Euro.

… es jetzt sogar schon Strumpfhosen und Cremes gibt, die mit Kaffeeextrakten wirken?

Ein großer Wäschekonzern verkauft Strumpfhosen, in deren Maschen Kaffeeextrakte eingewoben sind. Koffein soll schlankere Beine bewirken und auch gegen Cellulitis wirksam sein.

… in Deutschland durchschnittlich jede Person 160 Liter Kaffee pro Jahr trinkt?

Das entspricht durchschnittlich vier Tassen pro Tag.

… im Jahr 2000 der Kaffeepreis für Robusta-Rohkaffee sich am Weltmarkt binnen zwei Jahren halbiert hat?

Vietnam ist damals groß in die Robusta-Produktion eingestiegen und hat den Markt überschwemmt. Der Preis ist von 0,81 USD auf 0,41 USD pro Pfund gefallen.

… Kaffeesatz ein ausgezeichneter Pflanzendünger ist?

Vor allem Geranien und Rosen sollen damit gedüngt stärker blühen.

… „Blümchenkaffee" etwas mit dem Tassendekor zu tun hat?

Wenn der Kaffee sehr schwach gebrüht ist, scheint das Blümchenmuster im Inneren der Kaffeetasse durch.

... in Südamerika die Kaffeeplantagen von Kleinbauern immer weniger werden?

Viele Campesinos steigen vom mühsamen Kaffeeanbau auf Cocapflanzen um, da das Kultivieren schneller geht und es kaum ein Ernterisiko gibt. Darüber hinaus steigen die Preise für diesen Rohstoff u. a. für die Droge Kokain.

... kalter Kaffee hilft, Salzränder an schwarzen oder braunen Lederschuhen zu entfernen?

Einen Versuch ist es wert: mit einem in Kaffee getränkten, weichen Tuch vorsichtig die Salzränder wegtupfen.

... Kaffeesatz als Naturpeeling für raue Hände Wunder wirkt?

Die gemahlenen Bohnen schrubben die Hände zart und ölen sie gleichzeitig ein.

... man mit Kaffee auch Wespen vertreiben kann?

Einfach in einen Aschenbecher ca. vier Löffel Kaffeepulver füllen, ein Streichholz anzünden und hineinstecken. Das glimmt dann vor sich hin, riecht nach frisch aufgebrühtem Kaffee und hält ca. eineinhalb bis zwei Stunden an.

... man jetzt auch Urlaub auf Kaffeeplantagen machen kann?

Tata Coffee Ltd., Asiens größter Kaffeeanbauer, bietet seit 2006 Urlaub in Bungalows auf seinen Kaffeeplantagen im südindischen Bundesstaat Karnataka an. Dem hiesigen Urlaub auf dem Bauernhof nicht unähnlich, lernt der Tourist so das typische Leben des Kaffeebauern auf seiner Kaffeeplantage hautnah kennen.

... dass man in Neapel mit etwas Glück einen Gratis-Espresso bekommen kann?

Stellt man in einer Bar in Neapel die Frage: „C`è un sospenso?" („Gibt es einen Aufgehobenen?"), bekommt man mit etwas Glück einen Caffè, ohne dafür zahlen zu müssen. Hintergrund: Jemand, der an diesem Tag ein gutes Geschäft getätigt oder etwas Schönes erlebt hat, hat einen Caffè getrunken und den Preis für zwei gezahlt. So ist ein Espresso aufgehoben für jemanden, der ihn sich aus dem eigenen Geldbeutel nicht leisten kann.

... dass man in schwarzem Kaffee baden kann?

Der Besitzer des Koso Sauna Centers in Tokio, Japan, wirbt bei seinen Landsleuten damit, dass es sehr gesund sei, in heißem Kaffee zu baden. Er bietet zwei Pools mit über 60 Kubikmetern brasilianischem Kaffee aufgefüllt, der ständig mittels Dampf auf einer Temperatur von 60 Grad Celsius gehalten wird, an. Ein Bad kostet 10 Euro. Kein schlechtes Geschäft!

Kleines Kaffeelexikon

Kaffeekenner haben über die Jahrhunderte
eine Vielzahl von Zubereitungsarten und Varianten entworfen, um Kaffee zu genießen. Meist
geht es darum, ob mit viel oder wenig Wasser
gebrüht, mit Milch oder Sahne serviert bzw. ob
noch ein Schuss Hochprozentiges beigefügt
wird. Damit Sie überall Ihren Favoriten serviert
bekommen und Ihren Gästen immer wieder
etwas Neues bieten können, finden Sie hier eine
Übersicht über die wichtigsten Spezialitäten.

Espressotasse

Henkelglas

Cocktailglas

Latte-Macchiato-Glas

Häferl

Cappuccinotasse

Kaffeetasse

spezielles Kaffeeglas mit Stiel

großer Kaffeebecher

Kaffeeglas

Longdrinkglas

Mokkatasse

großer flacher Kaffeebecher

Espressoglas

große Schale/Bol

Kaffee/Espresso		Sahne	
Kakao		Alkohol	
Milch		Wasser	

Italien

Caffè Corretto

Zutaten:

1 heißer Espresso
1 cl Vecchia-Romagna-Brandy

Zubereitung:

Ein ganz beliebter Klassiker in Italien: Einfach den Espresso in ein Espresso-Tässchen geben und ihn mit einem Schuss Brandy „korrigieren", also den Brandy darübergeben.

Variante:
Probieren Sie den Caffè Corretto anstatt mit dem Brandy auch mal mit Grappa, Weinbrand oder Likör. Köstlich!

Was Sie vielleicht noch nicht wussten:
Die Italiener lieben ihren „korrigierten" Espresso, vor allem mit Grappa. Da wird auch schon mal der Espresso zuerst und dann erst der Grappa aus der noch heißen Espressotasse getrunken, sodass sich die restliche Crema des Espressos am Tassenrand mit dem Grappa vermischt.

Tipp:
Der klassische Caffè Latte wird mit einem doppelten Espresso, also einem so genannten Doppio (s. S. 45), gemacht. Je nach Geschmack können Sie natürlich auch einen Lungo, einen doppelten Lungo (s. S. 51) usw. nehmen.

Caffè Latte

Zutaten:

1 Teil doppelter oder kräftiger heißer Espresso
1 Teil heiße Milch
evtl. etwas Milchschaum

Zubereitung:

Der klassische italienische Milchkaffee. Den Caffè Latte trinkt man entweder aus einem hohen Glas oder einer großen Tasse. Die heiße Milch wird auf den heißen Espresso gegossen. Wer möchte, kann das Ganze mit ein bisschen Milchschaum krönen, muss es aber nicht.

Das typische Caffè-Latte-Glas ist deutlich größer als beim Cappuccino, aber etwas kleiner als beim Café au Lait. Die übliche Tasse für einen Caffè Latte ist so groß, dass man sie schon eher als Schale bezeichnen kann.

Variante:
Viel mehr Milchschaum und ein leckerer Vanille-, Karamell- oder Haselnusssirup dazu und Sie haben einen Caffè Latte auf amerikanische Art.

Italien

Caffè Mocca

Zutaten:

1 Teil heißer Espresso
1 Teil heiße Milch
1 Teil Kakao
etwas Milchschaum

Zubereitung:

Für den Caffè Mocca braucht man ein großes, hohes Glas, damit die drei Komponenten Espresso, Milch und Kakao hineinpassen. Den Kakao zubereiten und die Milch auf 60° C erhitzen, aufschäumen und eine Minute stehen lassen, damit sich der Schaum absetzen kann. Dann einfach die drei Komponenten im Glas zusammenmischen und ein bisschen Milchschaum obendrauf geben.

Variante:
Anstelle des Kakaos kann man auch ein bis zwei Esslöffel Schokoladensirup in das Glas träufeln.

Caffè Shakerato

Zutaten:

1 Espresso
2–3 Eiswürfel
evtl. Aromazusatz nach Wahl

Zubereitung:

„Shakerato" heißt auf Deutsch so viel wie „geschüttelt". Und genau das macht man auch mit den Zutaten des Caffè Shakerato: Espresso und Eiswürfel in den Shaker und zusammen schaumig schütteln. Serviert wird der coole Drink in einem Cocktail- oder Weinglas.

Viele geben ihrem Shakerato noch eine persönliche Note in Form von einem Aromazusatz ihrer Wahl, z. B. Vanille- oder Haselnusssirup, Grappa, Amaretto oder einem Schuss Zitrone.

Variante:
Zum Shakerato passen auch Sahne oder Schokoladensoße bestens.

Was Sie vielleicht noch nicht wussten:
In Italien ist der Caffè Shakerato besonders in den heißen Sommermonaten als koffeinhaltiges Kaltgetränk sehr beliebt.

Cappuccino

Zutaten:

1 Teil heißer Espresso Lungo
1 Teil warme Milch
1 Teil Milchschaum
evtl. Kakaopulver oder Zimt
zum Bestreuen

Was Sie vielleicht noch nicht wussten:
Der Name des Cappuccinos leitet sich von den
Kapuziner-Mönchen ab. Die Farbe ihrer Kutten
entspricht nämlich dem optimalen Braunton eines
Cappuccinos. Deshalb heißt auch die österreichi-
sche Variante des Cappuccinos „Kapuziner".

Zubereitung:

Beim Cappuccino kommt zuerst der Espresso in
die Tasse, dann die warme Milch und zuletzt
setzt man mit einem Esslöffel den Milchschaum
obendrauf. Wenn Sie möchten, können Sie den
Cappuccino noch mit ein bisschen Kakaopulver
oder Zimt bestreuen.

Der Cappuccino wird traditionell aus großen,
dickwandigen, konischen Steingut- oder
Porzellantassen getrunken, die 125 bis 200 ml
aufnehmen können.

Variante:
Wer etwas ganz Besonderes zaubern möchte,
streut sich mit einer Streuschablone ein Kakao-
muster, z. B. ein Herz oder einen Schmetterling,
auf den Milchschaum. Das Auge trinkt ja
schließlich auch mit!

Cappuccino con Panna

Zutaten:

1 Teil heißer Espresso Lungo
1 Teil heiße Milch
1 Teil Schlagsahne
evtl. Kakaopulver oder Zimt zum Bestreuen

Zubereitung:

Beim Cappuccino con Panna wird im Vergleich zum Cappuccino nur der Milchschaum durch Schlagsahne ersetzt. Man gibt also auch hier zuerst den Espresso in die Tasse, dann die heiße Milch und zuletzt setzt man die Schlagsahne obendrauf. Wenn Sie möchten, können Sie das Ganze noch mit ein bisschen Kakaopulver oder Zimt bestreuen.

Was Sie vielleicht noch nicht wussten:
Wussten Sie, dass in einer Espressomaschine das Wasser zwischen 88 und 94° C hat und mit einem Ausgangsdruck von 9 bar durch das Kaffeemehl gepresst wird? Espresso-Kaffeemehl ist übrigens extrem fein gemahlen, um den optimalen Espresso-Geschmack zu bekommen.

Italien

Chocolaccino

Zutaten:

1 heißer Espresso
35 ml warme Milch
25 g kalte, nicht geschlagene Sahne
Schokoladenraspel zum Bestreuen

Zubereitung:

Die Sahne wird beim Chocolaccino nur so weit aufgeschlagen, dass sie noch flüssig ist. Die Milch auf ca. 60° C erwärmen und ein klein wenig aufschäumen. Nachdem der Espresso im Glas ist – am besten nimmt man ein Kaffeeglas oder eine Cappuccinotasse –, wird er mit der warmen Milch aufgefüllt, ohne umzurühren. Die flüssige Sahne und die Schokoraspel noch obendrauf und schon ist der Chocolaccino fertig.

Tipp:
Ein Espressotässchen reicht für den Doppio nicht mehr aus. Deshalb lieber gleich zu einer größeren Tasse greifen, bevor die Hälfte danebengeht.

Doppio

Zutaten:

14 g Espressopulver
50 ml Wasser

Zubereitung:

Der Doppio oder Caffè Doppio ist im Grunde ein doppelter Espresso. Man nehme also die doppelte Menge an Espressopulver und die doppelte Menge Wasser und schon hat man einen Doppio.

Espresso

Zutaten:

7 g Espressopulver
25 ml Wasser

Zubereitung:

Der kleine Schwarze mit dem sanften Aroma. Der normale Espresso wird in typischen Espressotassen, dicken Porzellantassen mit konischer Form und einem Fassungsvermögen von ca. 40 ml, serviert.

Wenn man bzw. die Espressomaschine alles richtig gemacht hat, wird der Espresso von einer zimtfarbenen, fein melierten Schaumschicht, der Crema, gekrönt.

Was Sie vielleicht noch nicht wussten:
Zum Espresso wird immer noch gerne ein Glas Wasser für eine Extraportion Flüssigkeit getrunken, weil sich hartnäckig das Gerücht hält, dass der Espresso dem Körper besonders viel Wasser entzieht. Dabei ist schon längst wissenschaftlich bewiesen, dass die Harn treibende Wirkung von Espresso – und übrigens auch von Kaffee im Allgemeinen – nicht größer ist als die von Wasser!

Espresso con Panna

Zutaten:

1 heißer Espresso
Schlagsahnehaube
evtl. Kakaopulver zum Bestreuen
Milch nach Belieben

Zubereitung:

Ein normaler, klassischer Espresso wird mit einer leckeren Schlagsahnehaube „gekrönt". Wer mag, kann das Ganze noch mit Kakaopulver bestäuben und nach Belieben Milch hinzufügen. Serviert wird der Espresso con Panna stilecht im typischen konischen Espressotässchen.

Was Sie vielleicht noch nicht wussten:
Am Anfang gab es Espresso nur in Bars zu trinken, wo das ausgefallene Getränk ausdrücklich (ital. „espresso") bestellt und für den Gast zubereitet werden musste. Heute heißt der Espresso in Italien einfach nur noch „caffè" als Kurzform von dem viel zu umständlichen ursprünglichen Begriff „caffè espresso".

Italien

Was Sie vielleicht noch nicht wussten:

Espresso Macchiato bedeutet so viel wie „Gefleckter Espresso", also ein Espresso mit einem weißen Fleck (ital. „macchia"). In Italien ist er sehr beliebt, bei uns bis jetzt praktisch unbekannt. Aber das kann sich ja noch ändern ...

Espresso Macchiato

Zutaten:

1 heißer Espresso
Milchschaumhaube

Zubereitung:

Hier wird der kleine Schwarze mit einer Haube aus Milchschaum „gekrönt", d. h. den Espresso in die Espressotasse geben, etwas Milch aufschäumen und mit einem Löffel dem Espresso das Milchschaum-häubchen aufsetzen.

Iced Espresso

Zutaten:

1 doppelter heißer Espresso
grob gestoßenes Eis

Zubereitung:

Damit behält man an heißen Tagen einen kühlen Kopf. Der Iced Espresso wird normalerweise nicht aus der bekannten Espressotasse, sondern aus einem Espressoglas getrunken. Das gestoßene Eis kommt zuerst in das Glas und dann wird mit dem doppelten Espresso aufgefüllt.

Tipp:
Natürlich kann man sich den Iced Espresso auch mit einem einfachen Espresso machen.

Italien

Latte Macchiato

Zutaten:

1 heißer Espresso
200 ml heiße, aufgeschäumte Milch
evtl. Kakaopulver zum Bestreuen

Was Sie vielleicht noch nicht wussten:
Wussten Sie, dass der Espresso deshalb auf der
Milch schwimmt, weil Milch eine höhere Dichte
als Kaffee hat? Das funktioniert aber nur, wenn
der Espresso mindestens genauso heiß ist wie
die Milch, sonst drehen sich die Dichteverhältnis-
se um und die Milch schwimmt oben.

Tipp:
Um drei perfekte Schichten im Latte Macchiato
hinzubekommen, gibt es einen kleinen Trick:
Den Espresso ganz langsam über den Rücken
eines Teelöffels in das Glas gießen, sodass der
Espresso sachte in den Milchschaum eintaucht
und seinen Platz zwischen der Milch und dem
Schaum einnimmt.

Zubereitung:

Der Latte Macchiato soll aus drei Schichten bestehen, die sich möglichst wenig miteinander vermischen: ganz unten die heiße Milch, in der Mitte
der Espresso und obendrauf der Milchschaum.

Und das geht so: Die Milch wird auf 60° C
erhitzt, aufgeschäumt und eine Minute beiseite-
gestellt, damit sich der Schaum absetzen kann.
Jetzt werden Milch und Schaum in ein hohes,
schmales Glas gegossen. Zum Schluss kommt
dann der Espresso dazu, den man ganz vorsichtig
in das Glas gießen muss, damit sich die Schichten
bilden können. Jetzt noch, wenn man möchte,
ein bisschen Kakaopulver darüber, einen langstieligen Löffel in das Glas und genießen.

Lungo

Zutaten:

7 g Espressopulver
50 ml Wasser

Zubereitung:

Lungo ist die Kurzform für Caffè Lungo. Er ist sozusagen das Gegenteil vom Ristretto (s. S. 53). Wo beim Ristretto nur die Hälfte oder maximal zwei Drittel der üblichen Wassermenge verwendet werden, greift man beim Lungo zu doppelt so viel Wasser bei derselben Espressopulvermenge. Deshalb ist beim Lungo das Espressotässchen bis oben hin gefüllt.

Was Sie vielleicht noch nicht wussten:
Durch die doppelte Wassermenge wird der Lungo weniger stark und aromatisch als der normale Espresso. Dadurch schmeckt er so ähnlich wie der typische Kaffee, den man in Deutschland trinkt.

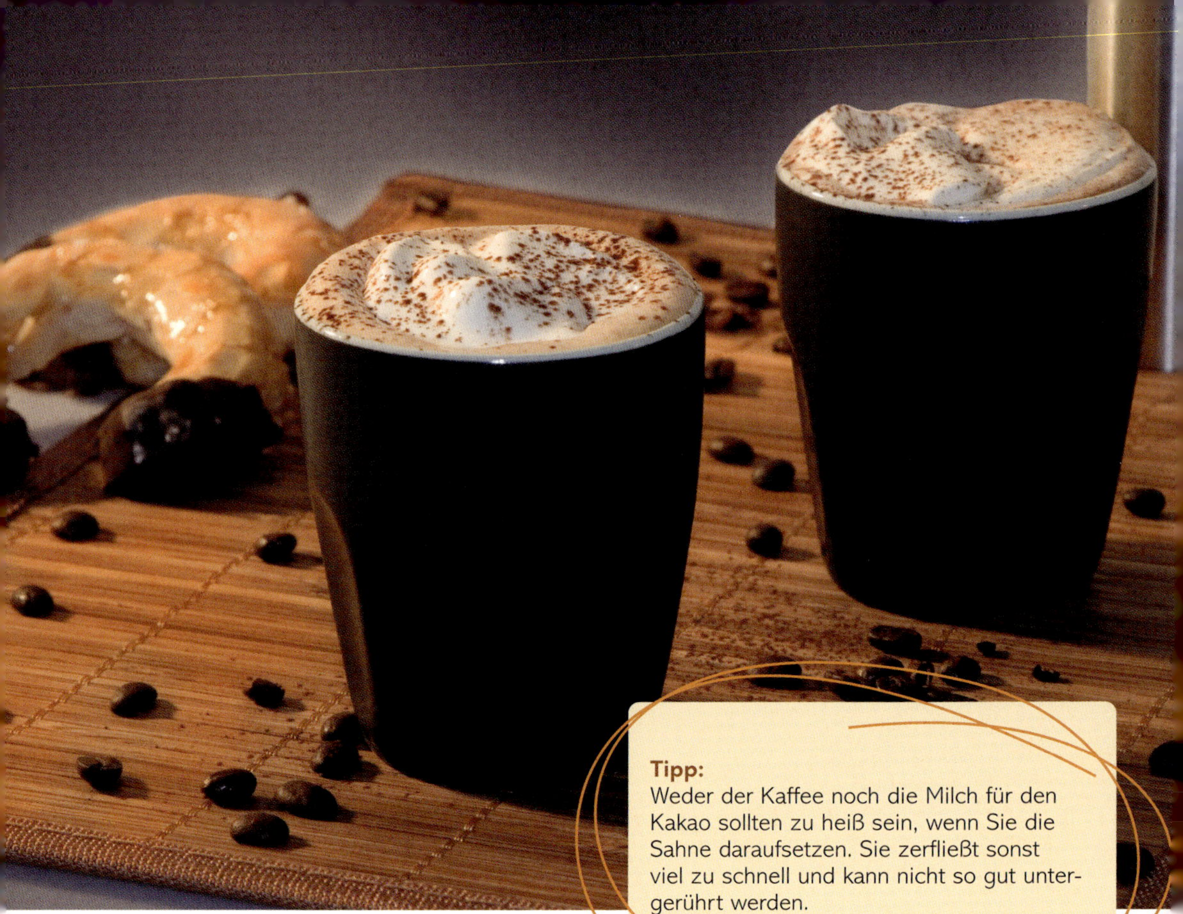

Tipp:
Weder der Kaffee noch die Milch für den Kakao sollten zu heiß sein, wenn Sie die Sahne daraufsetzen. Sie zerfließt sonst viel zu schnell und kann nicht so gut untergerührt werden.

Mischio

Zutaten:

1 Teil warmer Kaffee
1 Teil warmer Kakao
leicht geschlagene Schlagsahnehaube
evtl. Kakaopulver oder Schokoraspel zum Bestäuben

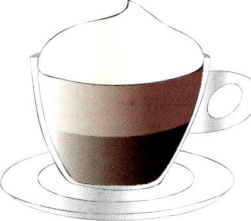

Zubereitung:

Der Mischio setzt sich normalerweise aus 50 % Kaffee und 50 % Kakao zusammen. Das Mischungsverhältnis kann aber natürlich jeder für sich selbst bestimmen. In jedem Fall kommt auf die fertige Kaffee-Kakao-Mischung zum Schluss eine Haube aus leicht geschlagener Sahne und, wenn man möchte, noch ein wenig Kakaopulver oder ein paar Schokoraspel.

Ristretto oder Caffè Corto

Zutaten:

7 g Espressopulver
12–15 ml Wasser

Zubereitung:

Der „kurze" Espresso hat es in sich. Bei derselben Menge an Espressopulver werden nur maximal zwei Drittel der üblichen Wassermenge durch das Kaffeepulver gepresst. So wird der Ristretto stark, intensiv und sehr aromatisch. Kenner trinken die Espressotasse in einem Zug aus.

Was Sie vielleicht noch nicht wussten:
Je weiter man in den Süden geht, desto weniger Wasser wird für einen Espresso verwendet, d. h. je südlicher, desto „kürzer" werden die Espressi getrunken.

Österreich

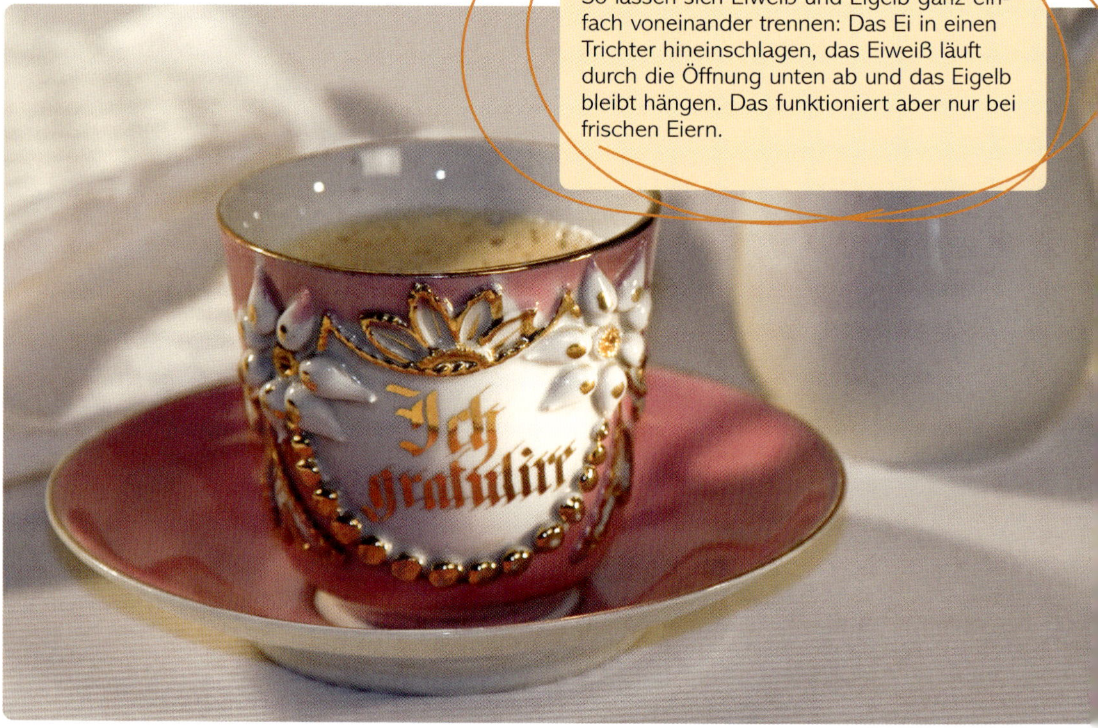

Tipp:
So lassen sich Eiweiß und Eigelb ganz einfach voneinander trennen: Das Ei in einen Trichter hineinschlagen, das Eiweiß läuft durch die Öffnung unten ab und das Eigelb bleibt hängen. Das funktioniert aber nur bei frischen Eiern.

Almkaffee

Zutaten:

Für 2 Personen

1 Eigelb
2,5 cl Rum
2 TL Zucker
⅛ l heißer Kaffee
flüssige Schlagsahne

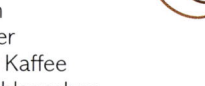

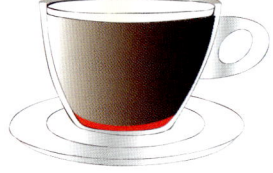

Zubereitung:

Das Eigelb, den Rum und den Zucker verrührt man miteinander und gibt dann den heißen Kaffee darüber. Mit einem kleinen Schneebesen wird alles gut miteinander verquirlt und dann in Kaffeetassen gefüllt. Ein Schuss von der flüssigen Sahne macht den krönenden Abschluss. Ganz wichtig: Sofort servieren!

Variante:
Oft wird die flüssige Sahne auch separat zum Almkaffee serviert, damit sich jeder so viel Sahne eingießen kann, wie er möchte.

Österreich

Biedermeier

Zutaten:

1 kleine Tasse heißer, schwarzer, starker Kaffee
2 cl Biedermeierlikör
Schlagsahnehaube

Zubereitung:

Für den Biedermeier brauchen Sie eine große Tasse mit doppeltem Volumen. Dort hinein kommt zuerst der Kaffee, dann der Likör und zum Schluss die Haube aus Schlagsahne.

Tipp:
Biedermeierlikör ist außerhalb Österreichs im Einzelhandel eher selten zu finden. Macht aber nichts, denn den kann man sich ganz leicht selbst mischen, indem man Eierlikör mit Marillenextrakt abschmeckt.

Österreich

Brauner, klein und groß

Zutaten:

1 heißer Espresso
Milch oder Schlagsahne nach Belieben

Zubereitung:

Der kleine Braune ist ein einfacher Espresso, dem so viel Milch oder Schlagsahne hinzugefügt wird, wie man möchte. Deshalb wird die Milch bzw. die Schlagsahne auch meistens extra in einem Porzellankännchen serviert. Dann kann jeder das Mischungsverhältnis von Espresso und Milch/Schlagsahne selbst bestimmen.

Variante:
Wenn es einen kleinen Braunen gibt, gibt es vermutlich auch einen großen Braunen. Und so ist es auch: Der große Braune ist ganz einfach ein doppelter Espresso mit Milch oder Schlagsahne nach Belieben.

Einspänner

Zutaten:

etwas mehr als 1 Teil heißer,
schwarzer, starker Kaffee
etwas weniger als 1 Teil Schlagsahne
Puderzucker zum Bestäuben

Zubereitung:

Der Einspänner ist eine typisch österreichische Kaffeespezialität. Im Henkelglas serviert, gibt man auf den Kaffee noch eine sehr große Portion Schlagsahne und bestäubt das Getränk mit Puderzucker.

Was Sie vielleicht noch nicht wussten:
Der Einspänner wurde, so sagt man, von den Wiener Kutschfahrern, den Fiakern, erfunden. Daher auch das Henkelglas, denn die Fiaker hatten nur eine Hand frei zum Trinken, mit der anderen mussten sie ja die Zügel halten. Angeblich war der Einspänner übrigens das Lieblingsgetränk des berühmten Komponisten Ludwig van Beethoven.

Tipp:
Es muss nicht immer weißer Puderzucker sein. Puderzucker lässt sich für eine farbenfreudigere Dekoration ganz einfach einfärben: Ein paar Tropfen Lebensmittelfarbe mit dem Zucker vermengen, bis eine gleichmäßige Färbung entsteht.

Österreich

Fiaker

Zutaten:

1 Tasse heißer, schwarzer, starker Kaffee
2 TL Rum oder Cognac

Zubereitung:

Der Fiaker wird natürlich wie der Einspänner im Henkelglas getrunken, damit die Fahrer der berühmten Wiener Kutschen eine Hand für die Zügel frei haben. In den Kaffee wird einfach ein Schuss Rum oder Cognac gegeben, fertig ist der Fiaker.

Variante:
Oft wird der Fiaker wie der Einspänner auch mit einer schönen Schlagsahnehaube gekrönt.

Franziskaner

Zutaten:

1 Teil heißer Espresso
1 Teil warme Milch
Schlagsahnehaube
Schokoladenstreusel zum Bestreuen

Zubereitung:

Espresso und Milch werden im Verhältnis 1:1 in ein Henkelglas gegeben und mit Schlagsahne sowie Schokoladenstreuseln gekrönt.

Was Sie vielleicht noch nicht wussten:
Die Österreicher haben für den Espresso einen eigenen Begriff, den „kleinen Schwarzen". Wundern Sie sich also nicht, dass Sie einen verständnislosen Blick ernten, wenn Sie bei einem österreichischen Kellner einen Espresso bestellen.

Österreich

Häferlkaffee

Zutaten:

Für 1 Kaffeekanne

1 l Wasser
6–8 EL Bohnenkaffeepulver
3–5 EL Malzkaffeepulver

Zubereitung:

Der Häferlkaffee wird traditionell in einem Topf und nicht in einer Kaffeemaschine gekocht und ist daher von der Menge her gleich für eine ganze Kaffeekanne gedacht.

Das Wasser wird zusammen mit dem Bohnen- und dem Malzkaffee in einen Topf gegeben und langsam auf einer Herdplatte erhitzt. Nachdem die Kaffeemischung zwei Mal aufgewallt ist, schreckt man sie mit zwei bis drei Esslöffeln kaltem Wasser ab und lässt sie zugedeckt ein paar Minuten stehen, damit sich der Kaffeesatz absetzt. Dann wird das Ganze in die Kaffeekanne abgeseiht.

Was Sie vielleicht noch nicht wussten:
Große, zylindrische Tassen werden
in Österreich „Häferl" genannt.

Tipp:
Etwas aufgeschäumte Milch, in einem extra Kännchen dazu serviert, passt auch sehr gut zum Häferlkaffee.

Kaffee Verkehrt

Zutaten:

⅓ Espresso
⅔ heiße, aufgeschäumte Milch

Zubereitung:

Ein Kaffeegetränk, das mehr Milch als Kaffee enthält, ist nach Meinung der Österreicher einfach „verkehrt". Deshalb haben sie der traditionell servierten großen Schale heiße, aufgeschäumte Milch, in die etwas Espresso gegossen wird, diesen lustigen Namen verpasst. Der Milchschaum sollte dabei nur ein Viertel der aufgeschäumten Milch einnehmen.

Was Sie vielleicht noch nicht wussten:

Verkehrt ist eben verkehrt, deshalb wird der Kaffee Verkehrt in den österreichischen Kaffeehäusern auch verkehrt herum serviert, also mit der Milch in der Tasse und dem Espresso in einem extra Kännchen.

Österreich

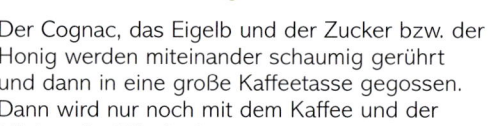

Kaisermelange

Zutaten:

¼ Tasse heißer, schwarzer, starker Kaffee
1 Eigelb
2 cl Cognac
1 EL Zucker oder Honig
¼ Tasse heiße Milch

Zubereitung:

Der Cognac, das Eigelb und der Zucker bzw. der Honig werden miteinander schaumig gerührt und dann in eine große Kaffeetasse gegossen. Dann wird nur noch mit dem Kaffee und der Milch aufgefüllt, fertig.

Was Sie vielleicht noch nicht wussten:
Die Kaisermelange soll eine stärkende Wirkung haben und wird daher Kranken, Sportlern und als Muntermacher nach einer anstrengenden Nacht empfohlen.

Österreich

Kapuziner

Zutaten:

1 Teil heißer Espresso Lungo
1 Teil heiße Milch
Schlagsahnehaube
evtl. Kakaopulver zum Bestreuen

Zubereitung:

Auf den Espresso Lungo wird dieselbe Menge heiße Milch gegeben und mit einer Schlagsahnehaube sowie nach Belieben mit Kakaopulver garniert.

Was Sie vielleicht noch nicht wussten:
Kaffeeexperten zufolge ist der Kapuziner der Vorgänger des Cappuccino. Die kalorienreiche Schlagsahne wurde dabei einfach durch den heute so beliebten Milchschaum ersetzt.

Österreich

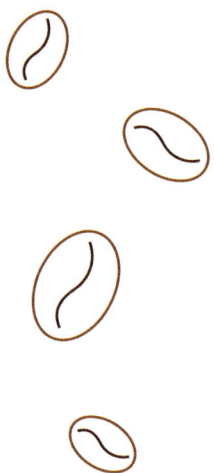

Maria Theresia

Zutaten:

1 kleiner, gestreckter, heißer Mokka
2 TL flüssiger Zucker
2 cl Orangenlikör
Schlagsahnehaube
bunte Streusel zum Bestreuen

Zubereitung:

Auf den Schuss Orangenlikör und den flüssigen
Zucker gibt man den heißen Mokka und setzt
eine Haube aus Schlagsahne darauf. Den krönenden Abschluss machen die bunten Streusel
auf der Schlagsahne. Serviert wird das Ganze in
einem speziellen Kaffeeglas mit Stiel.

Was Sie vielleicht noch nicht wussten:
Namensgeberin dieses Kaffeegetränks ist Maria
Theresia von Österreich (1717–1780). Sie war
Erzherzogin von Österreich, Königin von Ungarn
und Böhmen (1740–1780) und Ehefrau des
römisch-deutschen Kaisers Franz I. Stephan. Es
ist bekannt, dass sie leidenschaftlich gerne Kaffee
getrunken und sich auch für die Wiener Kaffee-
haustradition sehr interessiert und eingesetzt hat.

Mokka, klein oder groß

Zutaten:

7–8 g Mokkapulver oder feines Kaffeemehl
220–250 ml Wasser
3–4 TL Zucker

Was Sie vielleicht noch nicht wussten:
Der traditionell zubereitete Mokka holt pro Tasse aus den Kaffeebohnen die größte Menge an Koffein heraus, die man aus Kaffeebohnen gewinnen kann. Dabei werden natürlich auch Gerb- und Schadstoffe freigesetzt.

Zubereitung:

Der kleine Mokka wird nach alter Tradition schwarz in einer Mokkatasse serviert. Er kann als Aufguss, in der Espressomaschine oder auf traditionelle Art zubereitet werden.

Wer die traditionelle Zubereitungsart ausprobieren möchte, geht wie folgt vor: Pro Tasse werden zwei gestrichene Messlöffel Mokkapulver, ein Teelöffel Zucker und Wasser in einem kleinen Kännchen drei Mal aufgekocht und anschließend ungefiltert serviert. Wer den Mokka nach türkischer Tradition zubereiten möchte, gibt noch etwas Rosenwasser hinzu. Bei der arabischen Zubereitung wird generell auf den Zucker verzichtet und etwas Kardamom hinzugefügt.

Variante:
Der große Mokka wird ganz einfach aus der doppelten Menge Kaffeepulver (14–16 g), Wasser (440–500 ml) und Zucker (6–8 TL) zubereitet.

Österreich

Mozartkaffee

Zutaten:

1 großer Mokka
2 cl Cherry-Brandy
Schlagsahnehaube nach Belieben
Mandelsplitter zum Bestreuen

Zubereitung:

Zu dem Mokka gibt man einen Schuss
Cherry-Brandy und setzt dem Ganzen nach
Wunsch noch eine Schlagsahnehaube mit
leckeren Mandelsplittern auf.

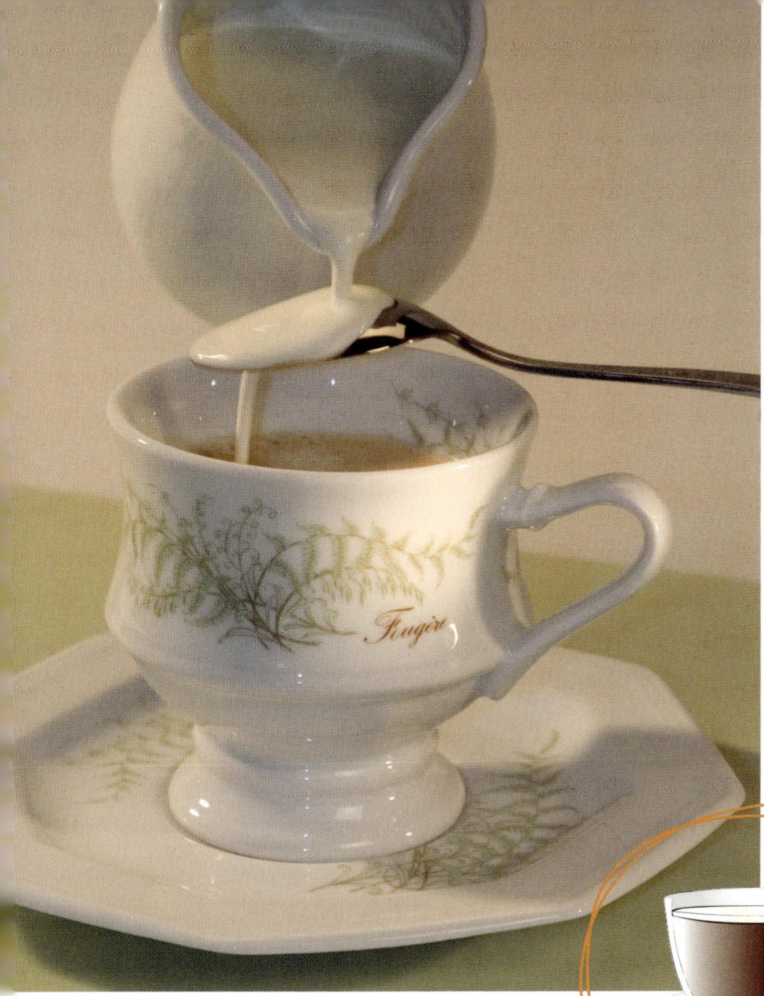

Österreich

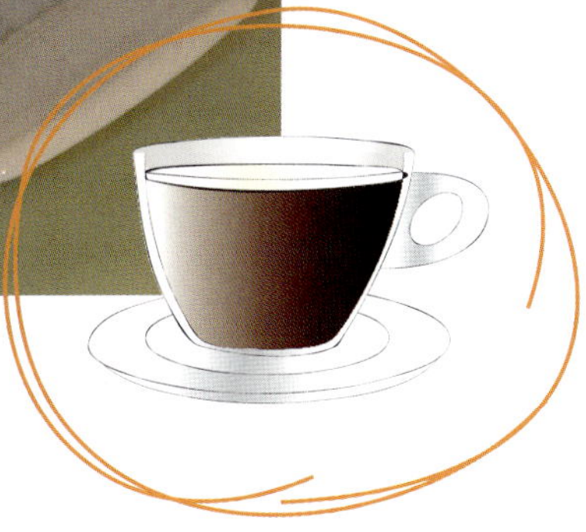

Obermayer

Zutaten:

1 heißer, schwarzer Kaffee
etwas flüssige Schlagsahne, stark gekühlt

Zubereitung:

Der Kaffee wird in eine Kaffeetasse gefüllt. Dann wird die gekühlte Sahne über einen verkehrt herum gehaltenen Kaffeelöffel langsam auf die Kaffeeoberfläche gegossen. Man trinkt den Obermayer somit durch die kalte Schlagsahne hindurch.

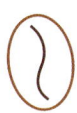

Österreich

Piccolo

Zutaten:

1 kleiner Mokka
etwas Schlagsahne

Zubereitung:

Ganz einfach: Mokka in die Tasse und ein
bisschen Schlagsahne dazu, fertig.

Variante:
Man nehme einen großen Mokka und etwas
Schlagsahne und schon hat man den „großen
Bruder" vom Piccolo, den Konsul, in der Tasse.

Schwarzer, klein und groß

Zutaten:

7 g Kaffeepulver
25 ml Wasser

Zubereitung:

Der kleine Schwarze ist dasselbe wie ein einfacher Espresso ohne Milch und wird in kleinen Kaffeetässchen serviert.

Variante:
Dementsprechend ist der große Schwarze ein doppelter Espresso ohne Milch, der in einer großen Kaffeetasse serviert wird, logisch!

Tipp:
Kaffeegenuss lässt sich wunderbar durch eine kleine Süßigkeit, z. B. ein Stück Schokolade, ein Gebäckteilchen oder Konfekt, abrunden.

Österreich

Verlängerter

Zutaten:

7 g Espressopulver
50 ml Wasser

Zubereitung:

Der Verlängerte ist im Grunde die österreichische Bezeichnung für den italienischen Lungo. Auf die Kaffeepulvermenge für einen einfachen Espresso wird die Wassermenge für einen doppelten Espresso gegeben und das Ganze in einer Kaffeetasse serviert.

Tipp:
So geht's auch: Einen einfachen Espresso in einer normalen Kaffeetasse zubereiten und separat ein Kännchen mit heißem Wasser dazu servieren. Dann kann jeder selbst bestimmen, mit wie viel Wasser er seinen Kaffee verlängern will.

Weißer mit Haut

Zutaten:

heller Milchkaffee (halb Kaffee, halb Milch)
heiße Milch

Zubereitung:

Eine so genannte „lichte Melange", also
ein heller Milchkaffee, wird mit heißer, nicht
verquirlter Milch in einer Kaffeetasse
serviert, woraufhin sich eine Haut auf der
Oberfläche bildet.

Österreich

Tipp:
Je besser das Vanilleeis, desto köstlicher ist natürlich auch der Wiener Eiskaffee. Deshalb am besten immer ganz genau beim Einkaufen hinschauen und ein Vanille-eis mit echter Bourbon-Vanille nehmen. Viele Vanilleeis-Sorten werden nämlich nicht mit echter Vanille herge-stellt, sondern mit Vanillin aromatisiert.

Wiener Eiskaffee

Zutaten:

1 großer, kalter Mokka
1 Kugel Vanilleeis
Schlagsahnehaube
Puderzucker zum Bestäuben

Zubereitung:

Zuerst kommt die Vanilleeiskugel in ein hohes Glas. Dann gießt man den Mokka darüber und krönt das Ganze mit einer Haube aus Schlag-sahne, die mit Puderzucker bestäubt wird. Lecker!

Was Sie vielleicht noch nicht wussten:
Der Wiener Eiskaffee hat eine lange Tradition. Es ist bekannt, dass er schon im Jahre 1790 von dem Kaffeesieder Milani als Kaffeespezialität angeboten wurde.

Wiener Melange

Zutaten:

⅛ l heißer Kaffee
⅛ l aufgeschäumte Milch
Kakaopulver zum Bestäuben
Schlagsahnehaube nach Belieben

Zubereitung:

Bei der Wiener Melange mischt man Kaffee und aufgeschäumte Milch zu gleichen Teilen und gibt noch etwas Kakaopulver obendrauf. Auf Wunsch wird die Melange auch mit einer Schlagsahnehaube serviert. Sie wird in großen Tassen oder dickwandigen Gläsern serviert.

Was Sie vielleicht noch nicht wussten:
Als „Melange" – von franz. „melanger" = mischen – bezeichnen die Österreicher Kaffees mit einer braun-goldenen Färbung, also Kaffees, die durch den Zusatz von z. B. Milch aufgehellt worden sind.

Deutschland

Milchkaffee

Zutaten:

1 Teil heißer Espresso
1 Teil heiße, aufgeschäumte Milch

Zubereitung:

Der deutsche Milchkaffee ist eine 1:1-Mischung aus Espresso und aufgeschäumter Milch. Auch hier immer daran denken: Wenn man Milchschaum haben möchte, darf die Milch nicht auf mehr als 65° C erhitzt werden. Außerdem sollte man die Milch nach dem Aufschäumen eine Minute stehen lassen, damit sich der Schaum absetzen kann. Dann kann man ihn ganz einfach mit einem Esslöffel auf den fertig gemischten Milchkaffee setzen.

Pharisäer

Zutaten:

¹⁄₈ l schwarzer, starker, heißer Kaffee
2 cl Jamaika-Rum
1 TL Zucker
Schlagsahnehaube

Zubereitung:

Für das Nationalgetränk der Nordfriesen braucht man eine hohe Kaffeetasse mit Untersetzer oder gleich ein richtiges Pharisäer-Gedeck. Dort hinein gibt man den Rum, den Zucker und dann den Kaffee. Als Krönung noch die Schlagsahnehaube obendrauf und schon ist der Pharisäer fertig. Ganz wichtig: Nicht umrühren, sondern den Kaffee durch die Sahne hindurch trinken!

Was Sie vielleicht noch nicht wussten:

Der Legende nach wurde der Pharisäer im 19. Jahrhundert auf der nordfriesischen Insel Nordstrand erfunden, um in Gegenwart des Pastors einen Kaffee mit Schuss trinken zu können. Durch die Sahnehaube verdunstet der Rum nämlich nicht und man kann den Alkohol nicht riechen. Als der Pastor dahinterkam, soll er „Oh, ihr Pharisäer" ausgerufen haben und gab so dem neuen Kaffeegetränk seinen Namen.

Deutschland

Rüdesheimer Kaffee

Zutaten:

⅛ l schwarzer, heißer Kaffee
3 Stück Würfelzucker
2 cl Weinbrand
Schlagsahnehaube mit Vanillezucker
Schokoladenstreusel zum Bestreuen

Zubereitung:

Beim Rüdesheimer Kaffee wird's heiß: In einer feuerfesten Tasse tränkt man den Würfelzucker mit dem sehr gut vorgewärmten Weinbrand und zündet den Alkohol an. Achtung: Nehmen Sie dafür unbedingt ein langes Streichholz, damit Sie sich nicht verbrennen! Das Ganze lässt man ca. eine Minute lang brennen und rührt mit einem langen Barlöffel währenddessen um.

Gelöscht wird der flambierte Zucker mit dem Kaffee. Der bekommt noch eine leckere Haube aus Schlagsahne, die mit Vanillezucker steif geschlagen wurde, und ein paar Schokoladenstreusel obendrauf. Köstlich!

Schwatten

Zutaten:

1 Tasse schwacher, schwarzer, heißer Kaffee
2 cl lauwarmer Korn

Zubereitung:

Der Schwatten oder Schwaten ist eine norddeutsche Kaffeespezialität. Zu einem schwachen Kaffee wird ein Schuss lauwarmer Korn hinzugefügt.

Variante:
Den Schwatten kann man auch noch mit einer Schlagsahnehaube krönen.

Tipp:
So erwärmt man Korn: Wenn Sie eine Mikrowelle haben, ist es ganz einfach. Den Korn in ein mikrowellengeeignetes Gefäß füllen und kurz in der Mikrowelle erwärmen. Wer keine Mikrowelle hat, füllt den Korn in eine Soßenkelle und erwärmt ihn vorsichtig über einer offenen Flamme. Achtung: Für beide Methoden gilt: Sie müssen den Korn nur erwärmen, also bitte darauf achten, dass Sie ihn nicht zu stark erhitzen!

Schweiz

> **Tipp:**
> Den Café Crème in einer Kaffeema-
> schine zuzubereiten, ist nicht zu
> empfehlen, weil dann der Kaffee
> viel länger aufgebrüht wird als in
> einem Vollautomaten. Dadurch wird
> der Kaffee wesentlich bitterer.

Café Crème

Zutaten:

7 g Kaffeebohnen
125 ml Wasser

Zubereitung:

Der Café Crème wird aus frisch gemahlenen
Kaffeebohnen und 125 ml Wasser in einem
Vollautomaten nach Espressoart zubereitet.
So bekommt der Kaffee eine leckere Crema
wie ein Espresso. Aufgrund der größeren
Flüssigkeitsmenge nimmt man für den Café
Crème aber kein Espressotässchen, sondern
eine Kaffeetasse.

Café Mélange

Zutaten:

1 schwarzer, heißer Kaffee
Schlagsahnehaube
Kaffeebohne zum Garnieren

Zubereitung:

Der schweizerische Café Mélange ist ein normaler Kaffee, der mit einer Schlagsahnehaube und einer Kaffeebohne gekrönt wird. Oft wird die Schlagsahne auch in einem separaten Kännchen serviert, damit sich jeder selbst so viel Sahne in den Kaffee gießen kann, wie er möchte.

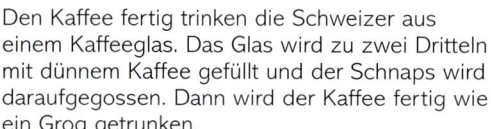

Kaffee fertig

Zutaten:

⅔ heißer, dünner Kaffee
4 cl Kirschschnaps oder Träsch

Zubereitung:

Den Kaffee fertig trinken die Schweizer aus einem Kaffeeglas. Das Glas wird zu zwei Dritteln mit dünnem Kaffee gefüllt und der Schnaps wird daraufgegossen. Dann wird der Kaffee fertig wie ein Grog getrunken.

Was Sie vielleicht noch nicht wussten:
Den Träsch sollen Bauern der Zentralschweiz erfunden haben, um trotz eines Trink- und Brennverbotes weiter Schnaps produzieren und genießen zu können. Der Schnaps wurde einfach mit Kaffee „getarnt".

Luzerner Kaffee

Zutaten:

100 ml sehr dünner, heißer Kaffee
1 Gläschen Schnaps („Träsch")
2–3 Würfelzucker

Zubereitung:

Die Zuckerwürfel kommen in ein Kaffeeglas, das mit dem Kaffee aufgefüllt wird. Anschließend wird noch der Träsch hinzugefügt. Zum Schluss soll der Luzerner Kaffee, auch Kaffee Träsch genannt, die Farbe eines mittelstarken Tees haben.

Was Sie vielleicht noch nicht wussten:
Träsch ist ein Schnaps aus Birnen und manchmal auch Äpfeln, der bis zu 78 Volumen-% Alkohol enthalten kann. Er ist vor allem in der Zentralschweiz sehr beliebt, wo auch der Kaffee Träsch sehr gerne getrunken wird.

Frankreich
Café au Lait

Zutaten:

1 Teil Espresso (1–2 Espressi)
1 Teil heiße Milch (ca. 200 ml)

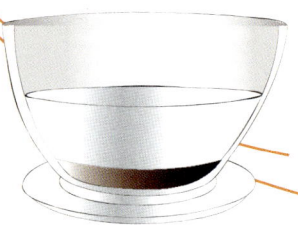

Zubereitung:

Der Klassiker unter den französischen Kaffeegetränken: Der Café au Lait wird in einer typischen „bol", einer Tasse ohne Henkel, serviert. Espresso und Milch werden in der Bol gemischt.

Variante:
Immer häufiger wird anstatt des klassischen Café au Lait mit Milch ein Café au Lait mit Milchschaum getrunken. Das Mischungsverhältnis bleibt dabei gleich.

Was Sie vielleicht noch nicht wussten:
Heute wird der Café au Lait in vielen verschiedenen Gefäßen serviert. Ursprünglich bekam man ihn aber nur in der „bol", einer henkellosen Tasse, die ein Fassungsvermögen von 300 bis 400 ml hat. Zusammen mit einem frischen Croissant gehört der Café au Lait zum typischen französischen Frühstück.

Café Brûlot

Zutaten:

250 ml starker, schwarzer Kaffee
1 kleine Zimtstange
2 Nelken
abgeriebene Schale von
¼ unbehandelten Orange
abgeriebene Schale von
¼ unbehandelten Zitrone
2 EL Zucker
2 cl Cognac
evtl. Schlagsahnehaube

Zubereitung:

Der Brûlot ist eine ganz exklusive Kaffeezubereitung. Zimt, Nelken, Orangen- und Zitronenschalen sowie der Zucker kommen zusammen mit dem Cognac zum Erhitzen in einen feuerfesten Topf. Achtung: Nicht aufkochen lassen! Hat sich der Zucker aufgelöst, kommt der Topf vom Herd und man zündet die Alkoholmischung mit einem langen Streichholz vorsichtig an. Solange sie brennt, wird mit einem langen Barlöffel umgerührt, ohne sich die Finger zu verbrennen. Erlischt die Flamme, gibt man nach und nach den Kaffee dazu, rührt das Ganze nochmals um und gießt die Kaffeemischung ganz vorsichtig – das Getränk brennt noch, Achtung – durch ein Sieb in eine Tasse ab. Wer mag, kann sich noch eine Schlagsahnehaube auf den Brûlot setzen.

Variante:
Probieren Sie anstelle des Cognacs auch mal einen Brûlot mit Wodka. Russisch, würzig, gut.

Frankreich

Café Crème

Zutaten:

1 Teil heißer, schwarzer Kaffee
1 Teil Schlagsahne

Zubereitung:

Die Franzosen trinken ihren Café Crème etwas anders als die Schweizer. In Frankreich setzt er sich jeweils zur Hälfte aus Kaffee und Schlagsahne zusammen, d. h., man gibt den Kaffee in die Tasse und setzt nochmal dieselbe Menge an Schlagsahne obendrauf.

Variante:
Die Schlagsahne kann man auch durch leckere, leicht aufgeschäumte Milch ersetzen. Schmeckt fast genauso gut und ist dazu noch viel kalorienärmer.

Café Filtre

Zutaten:

Kaffeepulver
Kaffeefilter
Filterpapier
heißes Wasser

Was Sie vielleicht noch nicht wussten:
Ein weit verbreitetes Vorurteil ist, dass der
Espresso im Vergleich zum Filterkaffee den
höheren Koffeingehalt hat. Aber weit gefehlt:
Eine Tasse Espresso enthält zwischen 25
und 30 mg Koffein, eine Tasse Filterkaffee
um die 80 mg!

Zubereitung:

Beim Café Filtre wird der Kaffeefilter direkt auf
die Tasse oder Kanne gesetzt, sodass der
Kaffee gleich in die Tasse/Kanne filtriert wird.
Je nachdem, ob Sie sich nur eine Tasse Kaffee
machen oder für eine ganze Kaffeerunde
kochen möchten, geben Sie mehr oder weniger
Kaffeepulver in den Kaffeefilter mit dem Filterpapier. Jetzt wird der Filter auf die Tasse oder
Kanne gesetzt und so lange heißes Wasser da-
rübergegossen, bis Sie die gewünschte Menge
Kaffee erreicht haben.

Café Fouetté

Zutaten:

1 Tasse starker, kalter Kaffee
Schlagsahnehaube
etwas Rum
ein paar Mandeln

Zubereitung:

Der Kaffee kommt in eine Kaffeetasse, wird
mit einer Schlagsahnehaube gekrönt, mit
ein paar Tropfen Rum beträufelt und mit Mandeln garniert.

Was Sie vielleicht noch nicht wussten:
*Die Stärke eines Kaffees hängt von zwei Dingen
ab: der verwendeten Kaffeesorte und der Brüh-
dauer. Filterkaffee wird ca. zwei bis drei Minuten
lang aufgebrüht, Espresso hingegen nur 25
Sekunden.*

Frankreich

Café Frappé

Zutaten:

½ Glas kaltes Wasser
1 gehäufter Teelöffel
Instantkaffee
½ TL Zucker
4 Eiswürfel

Zubereitung:

Ein einfach und schnell zubereiteter Drink für heiße Tage: Alle Zutaten werden mit dem Pürierstab oder im Mixer so lange verquirlt, bis sich reichlich Schaum gebildet hat. Getrunken wird der Café Frappé aus einem hohen Glas mit Strohhalm.

Variante:
Gerne wird der Café Frappé auch mit Milch oder als Eiskaffee mit einer Kugel Vanilleeis getrunken. Je nach Geschmack kann man auch einen Schuss Amaretto, Baileys oder anderen Likör hinzufügen.

Frankreich

Café Natur

Zutaten:

1 Tasse heißer, schwarzer Kaffee

Zubereitung:

Kurz und knapp: ein normaler Filterkaffee, der „natur", also schwarz ohne Milch getrunken wird.

Was Sie vielleicht noch nicht wussten:
Warum macht Kaffee eigentlich wach? Ganz einfach: Das Koffein im Kaffee blockiert im Körper den Botenstoff Adenosin, der uns schläfrig macht. Deshalb wirkt Kaffee aufmunternd, und zwar nicht nur körperlich, sondern auch psychisch, denn er hat außerdem eine leicht antidepressive Wirkung.

Frankreich

Canard

Zutaten:

1 Tasse heißer, schwarzer Kaffee
1 Zuckerwürfel
2 cl Marc (Traubenschnaps)
evtl. Schlagsahnehaube

Zubereitung:

Beim Canard träufelt man ein paar Tropfen von dem Traubenschnaps auf den Zuckerwürfel, so dass sich dieser damit vollsaugt. Den restlichen Schnaps gibt man zum Kaffee in die Tasse. Wer möchte, kann seinem Canard noch eine Schlagsahnehaube aufsetzen. Dann legt man sich den getränkten Zuckerwürfel auf die Zunge und trinkt den Kaffee darüber.

Variante:
Der Canard kann auch zusätzlich mit Milch verfeinert werden.

Was Sie vielleicht noch nicht wussten:
Der Marc gehört zu den Tresterbränden. Er wird aus vergorenem Traubentrester, also aus den Rückständen der Weinmaische wie z. B. Stängeln, Schalen und Kernen, destilliert.

Barraquito

Zutaten:

½ heißer Espresso
¼ süße Kondensmilch
1 Stück unbehandelte Zitronenschale
2 cl Likör 42 oder Tia María
¼ Milchschaum
Zimt zum Bestreuen nach Belieben

Was Sie vielleicht noch nicht wussten:
Der Barraquito ist eine Kaffeespezialität der
kanarischen Insel Teneriffa.

Zubereitung:

Den Barraquito trinkt man aus einem Espressoglas, in das man zuerst die Kondensmilch, dann
den Espresso mit dem Schuss Likör und dann
die Zitronenschale gibt. Etwas Milch aufschäumen, eine Minute stehen lassen, damit sich der
Schaum setzen kann, und mit einem Esslöffel
Milchschaum auf den Barraquito setzen. Wenn
man alles richtig gemacht hat, sind drei Schichten aus der Kondensmilch, dem Espresso und
dem Milchschaum entstanden. Zum Schluss
kann man das Ganze noch mit Zimt bestreuen.

Variante:
Wenn Sie nicht so einfach an Likör 42 oder
Tia María herankommen, ist das kein Problem.
Man kann für den Barraquito auch jeden ande-
ren süßen Likör verwenden.

Bombón

Zutaten:

1 heißer Espresso
1 Finger breit gesüßte Kondensmilch

Zubereitung:

In einem Kaffeeglas gibt man zu der Kondensmilch den Espresso. Die Milch- und die Kaffeeschicht sollten klar zu erkennen sein. Erst kurz, bevor man ihn trinken möchte, wird der Bombón umgerührt.

Variante:
Der Bombón schmeckt auch mit einer Haube aus Milchschaum sehr gut.

Spanien und Südamerika

Café Americano

Zutaten:

1 Teil heißer Espresso
1 Teil heißes Wasser

Zubereitung:

In einer normalen Kaffeetasse gibt man zu dem Espresso das heiße Wasser dazu, denn gibt man das heiße Wasser gleich mit in die Espressomaschine, schmeckt der Café Americano fade. Gibt man das Wasser erst in der Tasse zum Espresso, schmeckt er wunderbar.

Was Sie vielleicht noch nicht wussten:
Kaffeebohnen lagert man am besten in gut verschlossenen, luftdichten Behältern, damit das Aroma sich nicht verflüchtigt und die Bohnen vor Fremdgerüchen geschützt sind. Die Behälter sollte man im Kühlschrank aufbewahren. So „altert" der Kaffee nicht so schnell.

Café con Hielo

Zutaten:

1 heißer Espresso
ein paar Eiswürfel

Zubereitung:

Die Eiswürfel gibt man in ein Longdrinkglas.
Dann gießt man den Espresso über die Eiswürfel in das Glas.

Tipp:
Bei Kaffeegetränken, die wie der Café con
Hielo mit Eiswürfeln getrunken werden, ist es
wichtig, dass man für die Eiswürfel sauberes
Wasser verwendet, denn beim Gefrieren von
Wasser werden Keime nicht abgetötet.

Spanien und Südamerika

Café de Olla

Zutaten:

1 gehäufter TL grob gemahlener Kaffee
120 ml Wasser
2 Gewürznelken
1 TL brauner Zucker
1 kleine Zimtstange
etwas unbehandelte, abgeriebene Orangenschale

Zubereitung:

Der Café de Olla ist eine mexikanische Kaffee-spezialität. Für die Zubereitung braucht man ein Kupferkännchen, in dem zunächst 100 ml von dem Wasser zum Kochen gebracht werden. Dann wird die Temperatur heruntergeschaltet und man gibt den Kaffee, die Nelken, den Zucker, den Zimt und die Orangenschale dazu. Jetzt lässt man das Ganze fünf Minuten köcheln, gibt das restliche Wasser dazu und nimmt das Kännchen vom Herd. Nochmal gut zugedeckt fünf Minuten ziehen las-sen, durch ein Sieb abgießen und in einer Ess-pressotasse servieren.

Spanien und Südamerika

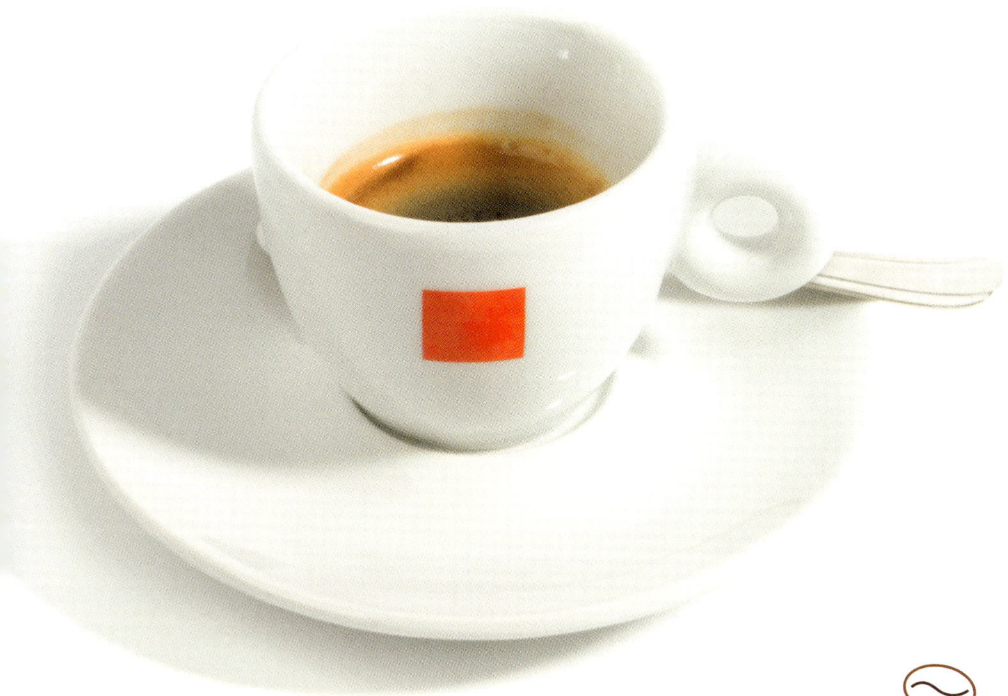

Café solo

Zutaten:

1 einfacher, heißer Espresso

Zubereitung:

Der kleine Schwarze aus Spanien. Die spanische Version des einfachen Espresso wird aus schweren, stabilen Porzellantassen getrunken.

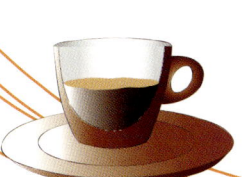

Spanien und Südamerika

Carajillo

Zutaten:

1 einfacher, heißer Espresso
2 cl Weinbrand oder Cognac
1 TL Zucker

Zubereitung:

Der Zucker und der Weinbrand werden in einem kleinen, feuerfesten Glas miteinander verrührt und mit einem langen Streichholz vorsichtig angezündet. Dann löscht man die Flamme mit dem Espresso und serviert den Carajillo möglichst heiß.

Variante:
In Spanien wird der Carajillo traditionell auch gerne mit Anislikör anstelle des Weinbrands getrunken.

Spanien und Südamerika

Cortado

Zutaten:

1 heißer Espresso
sehr wenig heiße Milch

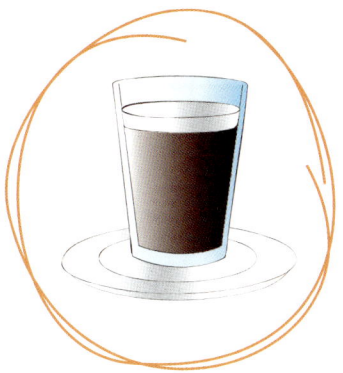

Zubereitung:

Der Cortado ist sozusagen der kleine spanische Milchkaffee im Glas, also ein mit einem Schuss heißer Milch „verschnittener" (span. „cortado") Espresso, den der Spanier aus einem kleinen Kaffeeglas trinkt.

Variante:
Vom Cortado gibt es verschiedene Varianten: Man kann ihn z. B. auch mit aufgeschäumter oder gesüßter Milch zubereiten. Als Cortado leche y leche („Milch und Milch") werden ihm sowohl gesüßte Kondensmilch als auch erhitzte normale Milch hinzugefügt. Diese Art des Cortado soll mittlerweile auf der Kanareninsel La Palma die beliebteste Kaffeespezialität sein.

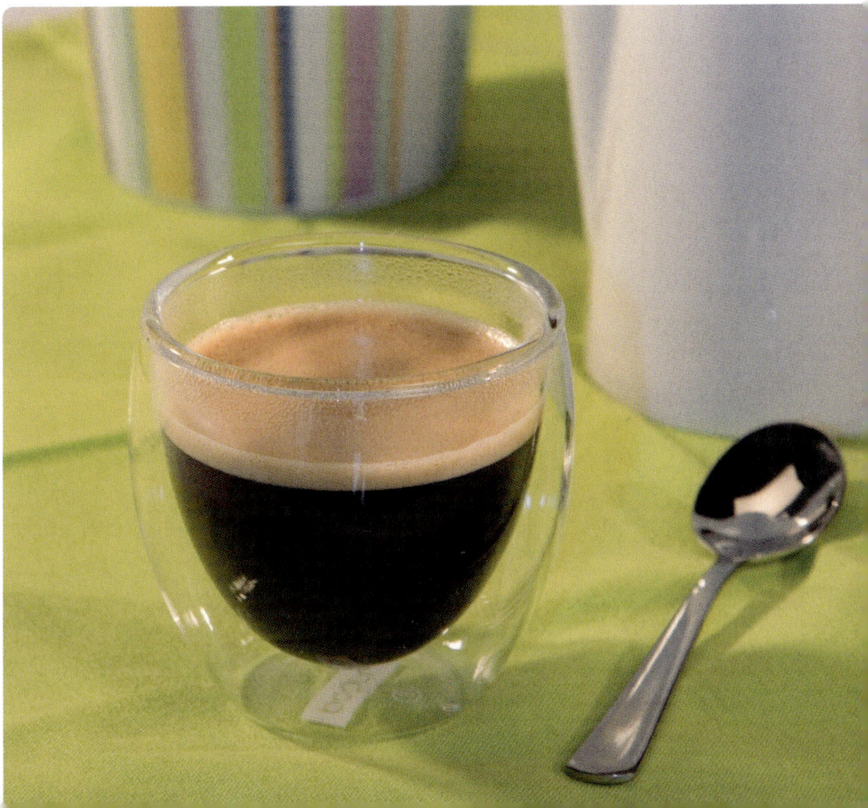

Kreative Kaffeedrinks

Kaffee mal ganz anders zubereitet – ob mit oder ohne „Schuss", eisgekühlt oder heiß, mit Zusätzen wie Speiseeis, Sirup, Nutella usw. Diese kreativen Kaffeevarianten sind ein echter Hingucker, bei dem Kaffeegenießer auf keinen Fall zu kurz kommen.

Irish Coffee

Zutaten:

Für 1 Glas

1/8 l schwarzer, heißer Kaffee
4 cl erwärmter Whiskey
2 TL Zucker
100 g leicht geschlagene Sahne

Zubereitung:

1. Zuerst den Zucker in das Glas geben, anschließend den erwärmten Whiskey darübergeben.

2. Mit einem langstieligen Streichholz vorsichtig den Whiskey anzünden und mit dem Kaffee die Flamme löschen.

3. Die Sahne leicht schlagen, bis sie cremig ist, dann ist sie für den Irish Coffee genau richtig. Zum Schluss noch die Sahne obendraufgeben und dann sofort servieren.

Tipp:
Für einen stilechten Irish Coffee braucht man ein spezielles Irish-Coffee-Glas. Natürlich geht es aber genauso mit jedem anderen langstieligen und feuerfesten Glas, z. B. einem Grogglas.

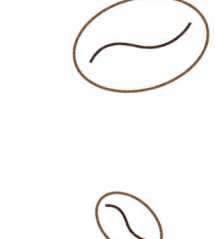

Hot Choc

Zutaten:
für 4 Gläser à 200 ml

300 ml Milch
200 g Nutella
300 ml frisch aufgebrühter Kaffee
Cornflakes zum Bestreuen
etwas gemahlener Kardamom

Zubereitung:

1. Die Milch mit dem Nutella erhitzen und den Kaffee hinzufügen.

2. Das Ganze mit etwas Kardamom verfeinern und in vier hohe, vorgewärmte Gläser oder Tassen füllen.

3. Nach Wunsch können Sie den Hot Choc mit Cornflakes bestreuen, mit flüssigem Nutella verzieren und mit Kardamom bestäubt servieren.

Würziger Zimtkaffee

Zutaten:

Für 4 Personen

400 ml Milch
4 EL Honig
1 TL Fuchs Zimt, gemahlen
4 TL Kakaopulver
400 ml heißer, starker Kaffee
4 Fuchs Zimtstangen Ceylon „Canehl"

Zubereitung:

1. Die Milch erwärmen, mit dem Honig und dem Zimt mischen und kurz aufkochen.

2. Das Kakaopulver einrühren und die Milchmischung auf vier Tassen oder Gläser verteilen.

3. Die Gläser mit heißem Kaffee auffüllen, heiß servieren und je eine Zimtstange zum Umrühren dazu reichen.

Nutella „Tricolo"

Zutaten:

Für 6 Gläser à ca. 300 ml

600 ml frisch gekochter, starker Kaffee
5 EL Nutella
3 EL Amarettosirup
800 ml Vanilleeis

400 ml fettarme Milch
Zitronenmelisse zum Garnieren
3 EL gehackte, geröstete Mandeln
zum Garnieren

Zubereitung:

1. Den Kaffee mit zwei Esslöffeln von dem Nutella und dem Amarettosirup verfeinern, abkühlen und ca. drei Stunden gefrieren lassen.

2. Das Vanilleeis halbieren, die eine Hälfte mit 200 ml von der Milch pürieren und den Großteil der gehackten Mandeln untermischen. Die zweite Hälfte von dem Vanilleeis mit dem restlichen Nutella und der restlichen Milch pürieren.

3. Den gefrorenen Nutella-Kaffee fein crashen, auf sechs hohe Gläser verteilen und den Vanille-Mandel-Mix vorsichtig daraufgeben, sodass zwei Schichten entstehen.

4. Mit dem Vanille-Nutella-Shake als dritte Schicht abschließen und nach Wunsch mit flüssigem Nutella und einem Blättchen Zitronenmelisse verzieren. Auf die „Tricolos" die restlichen gehackten Mandeln streuen und das Ganze mit je einem langstieligen Löffel und einem dicken Strohhalm servieren.

Nutella-Cappuccino on Ice

Zutaten:
Für 4 Personen

4 EL Nutella
100 ml kalter Espresso
300 ml gut gekühlte Milch
4 Kugeln Vanilleeis
Schlagsahne zum Garnieren
Kakaopulver zum Garnieren

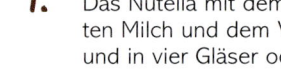

Zubereitung:

1. Das Nutella mit dem Espresso, der gekühl-ten Milch und dem Vanilleeis verquirlen und in vier Gläser oder Tassen füllen.

2. Nach Wunsch können Sie die Nutella-Cap-puccinos mit einer Sahnehaube und mit etwas Kakaopulver bestäubt servieren.

Latte Macchiato à la Nutella

Zutaten:

Für 4 Gläser à ca. 250 ml

700 ml fettarme Milch
4 gehäufte EL Nutella (ca. 140 g)
4 starke, frisch zubereitete Espressi
(ca. 100 ml)
Kakaopulver zum Bestäuben

Variante:
Den Latte Macchiato à la Nutella kann
man auch mit ein paar Tropfen Kaffee-
sirup verfeinern.

Zubereitung:

1. 300 ml von der Milch mit dem Nutella kurz
aufkochen lassen und die Nutella-Milch auf
vier Latte-Macchiato-Gläser verteilen.

2. Die restliche Milch erwärmen, luftig-locker
aufschäumen und den Milchschaum auf
die Gläser verteilen.

3. Jeweils einen Espresso langsam über den
Löffelrücken am Glasrand einschichten,
sodass drei Schichten entstehen. Nach
Wunsch die Latte Macchiatos à la Nutella
mit etwas Kakaopulver bestäubt servieren.

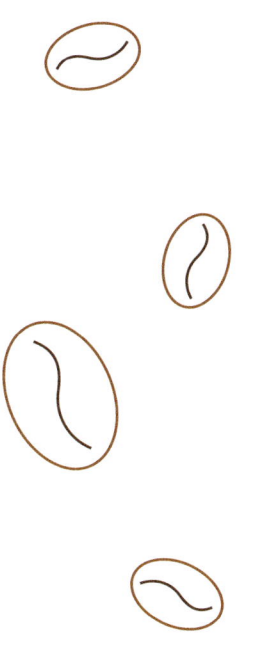

Kaffeelikör

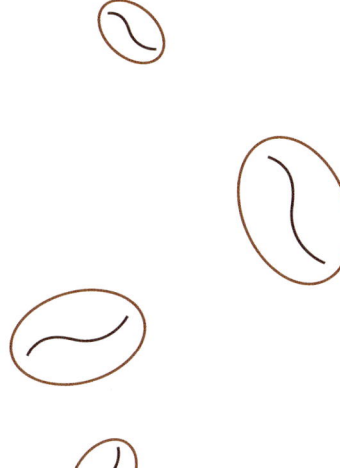

Zutaten:

Für ca. 700 ml fertigen Likör

1 Vanillestange
5 EL Kaffeebohnen
500 ml 40%iger Wodka
3 EL Kandiszucker

Zubereitung:

1. Die Vanillestange längs halbieren. Die Kaffeebohnen und die Vanillehälften in ein gut verschließbares Glasgefäß geben und den Wodka daraufgießen.

2. Den Ansatz ca. acht Wochen an einem dunklen Ort ziehen lassen und gelegentlich schütteln.

3. Nach dieser Zeit den Ansatz abfiltern. 200 ml Wasser in einem Topf erhitzen, den Kandiszucker darin auflösen und erkalten lassen.

4. Den Kaffeelikör mit dem Zuckerwasser vermischen und anschließend in Glasflaschen abfüllen.

Was Sie vielleicht noch nicht wussten:
Jeder Bundesbürger trinkt laut Statistik ca. 160 Liter Kaffee im Jahr. Damit ist und bleibt der Kaffee vor Mineralwasser und Bier das beliebteste Getränk der Deutschen.

Elfmeter-Shake

Zutaten:

Für 4 Personen

600 ml Milch
4 EL Nutella
3 Kugeln Mokkaeis
200 ml Sahne
4 kleine Kugeln Vanilleeis

Schlagsahne zum Garnieren
2 EL geröstete Haselnussblättchen
zum Garnieren
Zitronenmelisse zum Garnieren

Zubereitung:

1. Die Milch mit drei Esslöffeln von dem
Nutella und dem Mokkaeis kräftig pürieren.
Die Sahne steif schlagen und das restliche
Nutella erwärmen.

2. Vier hohe Gläser mit etwas Nutella von
innen spiralförmig verzieren, den Milch-
shake einfüllen und jeweils eine Kugel
Vanilleeis daraufgeben.

3. Die Shakes nach Wunsch mit Schlagsahne,
flüssigem Nutella, Haselnussblättchen und
Zitronenmelisse garniert servieren.

Orange Coffee

Zutaten:

Für 4 Personen

200 ml starker Espresso
8 TL brauner Zucker
120 ml Milch
7–8 EL Sahne
Eiswürfel
600 ml Schweppes Bitter Orange

8 EL geschlagene Sahne zum Garnieren
12–16 Mokkabohnen aus Schokolade
zum Garnieren
2 halbierte Orangenscheiben
zum Garnieren

Zubereitung:

1. Den heißen Espresso mit dem braunen Zucker verrühren und abkühlen lassen. Dann das Ganze mit der Milch, der flüssigen Sahne und den Eiswürfeln shaken.

2. Den Bitter Orange in vier Gläser füllen, den Espressomix dazugießen und leicht durchrühren.

3. Die Orange Coffees mit der geschlagenen Sahne und den Mokkabohnen garnieren und sofort servieren. Um das Ganze abzurunden, können Sie auf die Gläser jeweils noch eine halbe Orangenscheibe stecken.

Variante:
Wer sich einen Orange Coffee „mit Schuss" gönnen möchte, gibt beim Shaken der Milch, der flüssigen Sahne und der Eiswürfel einfach noch 6–8 cl Kaffeelikör hinzu.

Verführerische Leckereien

Eine Vielzahl an Rezepten – mit Kaffee und zum Kaffee.
Von Muffins über Kuchen bis hin zu kühlen Kaffeedesserts
und Gebäck, das zum Kaffee gereicht wird. Besonders
gut eignet sich dafür Instant-Kaffeepulver aufgrund seines
intensiven Gechmacks..

Cappuccinokipferln

Zutaten:

Für ca. 40 Stück

4 EL Instant-Cappuccinopulver
300 g GOLDPUDER Auslesemehl
Type 405
50 g gemahlene Mandeln
50 g gemahlene Haselnüsse
100 g Zucker
1 Prise Salz

200 g Butter
helle und dunkle Kuvertüre
zum Verzieren
Mokkabohnen aus Schokolade
zum Verzieren
Hagelzucker zum Verzieren

Zubereitung:

1. Das Cappuccinopulver mit 50 ml kochendem Wasser verrühren und abkühlen lassen.

2. Das Mehl mit den Mandeln, den Haselnüssen, dem Zucker und dem Salz vermischen. Die Butter in Flöckchen und den abgekühlten Cappuccino unterkneten und den Teig zugedeckt ca. eine Stunde kalt stellen. Den Backofen auf 180° C, Gas Stufe 2–3, Umluft 160° C vorheizen.

3. Den Teig in ca. 1 cm dicke und 6 cm lange Rollen formen, die Enden spitz zulaufen lassen und die Rollen zu Kipferln biegen. Die Kipferln auf ein mit Backpapier ausgelegtes Backblech legen und ca. acht bis zehn Minuten backen.

4. Nach Ablauf der Backzeit die Kipferln auskühlen lassen und nach Belieben mit heller und dunkler Kuvertüre, Mokkabohnen und Hagelzucker dekorieren.

Espressoecken

Zubereitung:

1. Den Blätterteig nach Packungsanweisung auftauen lassen und den Backofen auf 200° C, Gas Stufe 3–4, Umluft 180° C vorheizen.

2. Die Blätterteigquadrate diagonal halbieren, die Hälfte der Ecken mit dem verquirlten Ei bestreichen und mit einer Mischung aus den gehackten Macadamianüssen, Pistazien und dem braunen Zucker bestreuen.

3. Auf einem mit Backpapier ausgelegten Backblech im vorgeheizten Backofen alle Blätterteigecken ca. 10 bis 15 Minuten goldbraun backen und anschließend kurz auskühlen lassen.

4. Die Sahne mit dem Sahnesteif steif schlagen und das Espressopulver sowie den Puderzucker unterrühren.

5. Auf die zweite, untere Hälfte der Blätterteigecken die Espressocreme streichen, jeweils eine der bestreuten Ecken darauflegen und das Gebäck servieren.

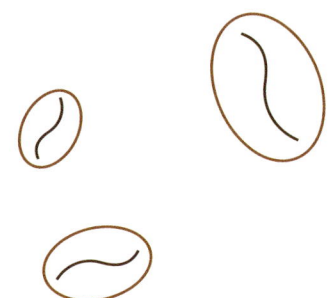

Zutaten:

Für 10 Stück

1 Packung Café Condito Ruck-Zuck-
Blätterteig (10 Scheiben à 45 g)
1 Ei
ca. 2 EL gehackte Macadamianüsse
ca. 1 EL gehackte Pistazien

3 EL brauner Zucker
400 ml Sahne
2 Päckchen Sahnesteif
ca. 2 TL Instant-Espressopulver
2–3 EL Puderzucker

Cappuccino-Spekulatius-Sterne

Zutaten:

Für ca. 40 Stück

Für den Mürbeteig:
2 Portionsbeutel Cappuccinopulver à 13 g
180 g Butter
80 g Puderzucker
1 Prise Salz
2 TL Ostmann Vanillezucker mit
echter Bourbon-Vanille
2 Eigelb
280 g Mehl
40 g Speisestärke
4 TL Ostmann Spekulatius-Gewürz
Mehl für die Arbeitsfläche

Für die Füllung:
100 g Mokkaschokolade, alternativ:
Zartbitterschokolade
200 g Nugat
3–4 TL Ostmann Spekulatius-Gewürz
40 Mokkabohnen

Außerdem:
Stern-Ausstechform, ca. 3 cm groß
Spritzbeutel mit kleiner Lochtülle

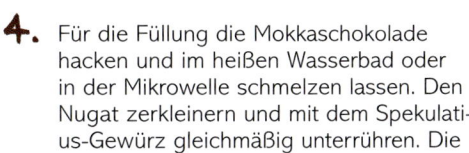

Zubereitung:

1. Das Cappuccinopulver in zwei Esslöffeln heißem Wasser auflösen. Die Butter, Puderzucker, Salz und Vanillezucker zu einer glatten Masse verrühren und die Eigelbe unterrühren.

2. Das Mehl und die Stärke sieben und mit dem aufgelösten Cappuccinopulver sowie dem Spekulatius-Gewürz kurz unterkneten. Den Teig in Folie gewickelt ca. eine Stunde kalt stellen. Den Backofen auf 180° C, Gas Stufe 2–3, Umluft 160° C vorheizen.

3. Den Teig auf einer bemehlten Arbeitsfläche ca. einen halben Zentimeter dick ausrollen, mit der Ausstechform kleine Plätzchen ausstechen, auf ein mit Backpapier ausgelegtes Backblech legen, ca. 8 bis 10 Minuten backen und dann auskühlen lassen.

4. Für die Füllung die Mokkaschokolade hacken und im heißen Wasserbad oder in der Mikrowelle schmelzen lassen. Den Nugat zerkleinern und mit dem Spekulatius-Gewürz gleichmäßig unterrühren. Die Mokka-Nugat-Creme kurz kalt stellen, bis sie spritzfähig ist.

5. Die Creme bis auf einen Esslöffel für die Dekoration in den Spritzbeutel mit Lochtülle füllen, auf die Hälfte der Plätzchen spritzen und mit den verbliebenen Plätzchen abdecken. Die Mokkabohnen mit der restlichen Creme auf die Plätzchen kleben und fest werden lassen.

Nusskuchen mit Cappuccinocreme

Zutaten:

Für ca. 8 Stücke

1 Packung GOLDPUDER Kuchen-
zauberei Nuss
200 ml kalter Kaffee
1 Becher Mascarpone (250 g)

1 TL löslicher Kaffee
1 TL Zucker
1 Päckchen Vanillezucker

Zubereitung:

1. Die Hälfte der Backmischung in die Schalen-
form geben, 100 ml von dem kalten Kaffee
hinzufügen (den beiliegenden Messbecher
bis zur Markierung füllen) und mit einem
Löffel anrühren.

2. Die restliche Backmischung und den restlichen Kaffee hinzugeben und mit dem
Löffel rühren, bis ein glatter Teig entsteht
(ca. drei Minuten).

3. Den Teig gleichmäßig mit der Knusper-
Nuss-Mischung bestreuen und ca. 60 Minuten bei 180° C, Gas Stufe 2–3, Umluft
160° C im vorgeheizten Backofen backen.

4. Den Kuchen in der Form abkühlen lassen,
mit einem Messer vom Schalenrand lösen
und die Schale an den Perforationslinien
aufreißen. Den Kuchen zweimal quer
durchschneiden.

5. Für die Creme den Mascarpone mit dem
löslichen Kaffee, dem Zucker und dem
Vanillezucker verrühren. Die beiden
unteren Böden mit der Creme bestreichen,
den oberen Boden darauflegen, den
Kuchen in Stücke schneiden und servieren.

Mokkamousse

Zubereitung:

1. Die Eier mit dem Puderzucker, dem Mokka und dem Kaffeelikör in einer feuerfesten Schüssel im Wasserbad oder auf dem Herd zu einer Creme aufschlagen. Die Gelatine in kaltem Wasser einweichen.

2. Das Ganze vom Feuer nehmen, das Nutella einrühren und auflösen lassen, die gut gewässerte, ausgedrückte Gelatine dazugeben und ebenfalls darin auflösen.

3. Die Sahne steif schlagen, mit dem Vanillezucker aromatisieren und zwei Drittel unter die Mokkacreme ziehen. Die Creme im Kühlschrank vollständig fest werden lassen, anschließend Nockerln abstechen, diese dekorativ anrichten und die Schokolade darüberreiben.

4. Je nach Geschmack exotische oder heimische Früchte waschen, vorbereiten und in Stücke schneiden. Die Fruchtstücke mit dem Orangenlikör marinieren, mit dem Zucker nach Bedarf bestreuen und zu den Nockerln geben.

5. Die restliche Vanillesahne in den Spritzbeutel geben, damit die Mousse ausgarnieren, die Sahne mit dem Amarenasirup überziehen und mit den Pistazien bestreuen.

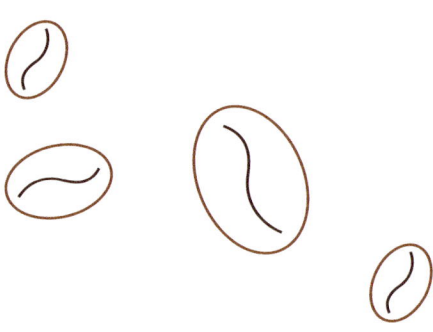

Zutaten:

Für 4 Personen

2 Eier
80 g Puderzucker
⅛ l gut gebrühter, starker Mokka
6 cl Kaffeelikör
6 Blatt weiße Gelatine
50 g Nutella
¼ l Sahne
1–2 Päckchen Vanillezucker

40 g Schokolade
exotische oder heimische Früchte
nach Geschmack
2 cl Orangenlikör
1–2 EL Zucker zum Bestreuen
4 TL Amarenasirup
20 g gehackte Pistazien
Spritzbeutel mit Sterntülle

Crème Brûlée

Zubereitung:

1. Die Sahne mit dem Mokka, dem Vanillezucker und dem Zucker in einen Topf geben und bei mäßiger Hitze zwei bis drei Minuten erhitzen, aber nicht kochen lassen. Das Ganze vom Herd nehmen, das Nutella einrühren und bereitstellen.

2. Die Eier und die Eigelbe in eine Schüssel geben und kräftig verschlagen. Nach und nach in die warme Kaffee-Sahne-Mischung rühren und weiterschlagen. Auf der Herdplatte bei mäßiger Hitze drei Minuten unter ständigem Rühren erhitzen, aber nicht kochen lassen.

3. Den Topf vom Herd nehmen und in vier feuerfeste Schälchen füllen. Die Schälchen in ein Wasserbad stellen und im auf 180–200° C, Gas Stufe 3–4, Umluft 160–180° C vorgeheizten Backofen 35 bis 40 Minuten garen.

4. Die Schälchen herausnehmen und eine Stunde ruhen lassen. Die Mokka-Nutella-Creme stürzen, dekorativ auf feuerfesten Tellern anrichten und mit dem braunen Zucker bestreuen.

5. Die Creme unter dem Grill vorsichtig so lange überbacken, bis der Zucker geschmolzen ist, und anschließend mit dem fein gemahlenen Kaffeepulver bestreuen.

6. Die gedünsteten Birnen fächerartig schneiden, mit der Waldbeerensoße dekorativ um die Crème Brûlée arrangieren und mit flüssigen Nutellastreifen und Zitronenmelisse verzieren. Die geschlagene, gesüßte Sahne auf die Crème spritzen, jeweils mit einem Schokoladengitter verzieren und sofort servieren.

Zutaten:

¼ l Sahne
⅛ l gut gebrühter Mokka
1 Päckchen Vanillezucker
3 EL Zucker
50 g Nutella
2 Eier
2 Eigelb
4 EL feiner, brauner Zucker
1 EL fein gemahlenes Instant-Kaffeepulver

Zum Garnieren:
4 gedünstete Birnen
4 Portionen Waldbeerensoße
geschlagene, gesüßte Sahne
Schokoladengitter
Zitronenmelisse

Espressocreme

Zutaten:

Für 4 Personen

3 gehäufte EL Zucker
2 EL Mandelblättchen
2 Blatt weiße Gelatine
200 ml Milch
1 EL Instant-Espressopulver
3 Eigelb

100 g Nutella
200 ml Sahne
150 g Himbeeren
Zitronenmelisse zum Garnieren
Spritzbeutel mit Sterntülle

Zubereitung:

1. Zwei gehäufte Esslöffel von dem Zucker in einem kleinen Topf schmelzen und so lange erhitzen, bis die Masse leicht gebräunt ist. Den Topf vom Herd nehmen, die Mandelblättchen unterziehen, die Mandel-Karamell-Masse sofort auf ein Stück geölte Alufolie streichen und fest werden lassen.

2. Die Gelatine in kaltem Wasser einweichen. Die Milch mit dem Espressopulver erhitzen, bis das Pulver ganz gelöst ist. Die Eigelbe mit dem restlichen Zucker im heißen Wasserbad dickschaumig schlagen.

3. Nach und nach die heiße Espressomilch hinzufügen und so lange weiterschlagen, bis die Masse leicht gebunden ist. Das Ganze vom Herd nehmen, das Nutella und die ausgedrückte Gelatine unterrühren und kalt stellen.

4. Sobald die Masse fest zu werden beginnt, die steif geschlagene Sahne unterheben. Die Himbeeren verlesen, waschen und bis auf einige zum Garnieren auf vier Gläser verteilen. Die Espresso-Creme in den Spritzbeutel mit Sterntülle füllen und die Masse in die Gläser auf die Himbeeren spritzen.

5. Den ausgehärteten Mandelkrokant in Stücke brechen. Die Espresso-Creme mit den Mandelkrokantstücken, den restlichen Himbeeren und etwas Zitronenmelisse garnieren und servieren.

Gefüllte Törtchen

Zutaten:

Für 4 Personen

80 g Butter oder Margarine
80 g Zucker
1 Prise Salz
2 Eier
abgeriebene Schale von
½ unbehandelten Zitrone
250 g Mehl
1 TL Backpulver
4 EL kalte Milch
Margarine und Semmelbrösel für
die Förmchen

½ Glas Nutella
2 bis 3 EL flüssiges Kokosfett
1 EL Instant-Kaffeepulver
Mokkabohnen zum Garnieren

Außerdem:
kleine Keramikförmchen,
alternativ: Blechdosen

Zubereitung:

1. Die Butter bzw. Margarine schaumig schlagen und nach und nach den Zucker mit dem Salz und den Eiern dazugeben.

2. Die Zitronenschale untermischen und so lange rühren, bis sich der Zucker vollständig aufgelöst hat.

3. Das Mehl mit dem Backpulver vermischen, über die Buttermischung sieben und zusammen mit der Milch unterheben.

4. Die Förmchen mit Margarine ausfetten, mit Semmelbröseln ausstreuen und den Teig einfüllen.

5. Im auf 180° C, Gas Stufe 2–3, Umluft 160° C vorgeheizten Backofen 15 bis 20 Minuten backen, herausnehmen, aus den Förmchen lösen und auf einem Kuchengitter erkalten lassen.

6. Das Nutella mit dem flüssigen Kokosfett glatt rühren und mit dem Kaffeepulver aromatisieren.

7. Die Törtchen zweimal quer durchschneiden, jeweils mit etwas Nutella-Kaffee-Creme füllen, wieder zusammensetzen und mit der restlichen Creme überziehen. Nach Geschmack einige Mokkabohnen auf die Törtchen setzen.

Tiramisutorte mit Erdbeeren

Zubereitung:

1. Für den Rührteig die Margarine mit dem Zucker und dem Bittermandelaroma schaumig schlagen und das Ei unterrühren. Das Mehl mit dem Backpulver mischen, darübersieben und unterheben.

2. Den Teig in die gefettete Herzform geben und im vorgeheizten Backofen bei 180° C, Gas Stufe 2–3, Umluft 160° C ca. 20 bis 25 Minuten backen. Den Teig aus der Form lösen, mit dem Kaffee tränken und abkühlen lassen.

3. Für den Belag den Mascarpone mit dem Amaretto und dem Zucker verrühren. Die Sahne mit dem Sahnesteif steif schlagen und unterheben.

4. Die Amarettini grob zerbröseln, den Großteil unter die Creme mischen und diese auf dem Tortenboden verteilen. Die Erdbeeren verlesen, waschen, in feine Würfel schneiden und den Tortenrand damit verzieren.

5. Die Torte mindestens eine Stunde kalt stellen und mit den restlichen Amarettinibröseln bestreut servieren.

Tipp:
Wenn Sie keine Herzform haben, können Sie den Teig auch in einer Springform (Ø 26 cm) backen. Entweder Sie wandeln die Torte dann in eine runde Version ab oder Sie basteln sich eine Herzschablone und schneiden sich den Teig zurecht. Die Backzeit ändert sich hierbei nicht.

Zutaten:

Für 12 Stücke

Für den Rührteig:
60 g Margarine
60 g Zucker
5–6 Tropfen Bittermandelaroma
1 Ei
80 g GOLDPUDER Backmehl Type 405
½ TL Backpulver
Fett für die Form
40 ml starker Kaffee
Herzform, Inhalt ca. 1 l

Für den Belag:
350 g Mascarpone
3 EL Amaretto
3 EL Zucker
200 ml Sahne
1 Päckchen Sahnesteif
30 g Amarettini-Kekse
300 g kleine Erdbeeren

Cappuccinomuffins

Zutaten:

Für 6 Muffins

Für den Teig:
140 g Mehl Type 405
½ Päckchen Backpulver
1 Msp. Natron
1 Ei Größe M
60 g Zucker
50 g weiche Butter
100 g Stracciatella-Joghurt
4 TL Cappuccino-Pulver
1 Schuss Milch

Für die Füllung:
75 g Mokkabohnen aus Schokolade

Außerdem:
6er-Muffinform, etwas Fett
oder Papierförmchen
100 g feinherbe Schokoladenkuvertüre

Zubereitung:

1. Den Backofen auf 180° C, Gas Stufe 2–3, Umluft 160° C vorheizen. Die Muffinform gut einfetten oder mit Papierförmchen auslegen.

2. Das Mehl zusammen mit dem Backpulver und dem Natron in eine Schüssel sieben und beiseitestellen. Von den Mokkabohnen 18 Stück für die Dekoration zurücklegen. Das Cappuccinopulver in zwei Esslöffeln heißem Wasser auflösen.

3. Das Ei, den Zucker und die Butter mit den Schneebesen des Handrührgerätes schaumig schlagen. Die Mehlmischung, den Stracciatella-Joghurt und den Cappuccino dazugeben und zusätzlich mit einem Schuss Milch zügig zu einem glatten Teig verarbeiten. Die restlichen Mokkabohnen mit einem Löffel unterheben.

4. Den Teig in die Vertiefungen der Muffinform füllen, sofort in den Backofen schieben und ca. 25 Minuten backen. Nach Ablauf der Backzeit herausnehmen, fünf bis zehn Minuten in der Form ruhen lassen, danach die Muffins aus der Form lösen und auf einem Kuchengitter gut auskühlen lassen.

5. Die Schokoladenkuvertüre im heißen Wasserbad schmelzen. Die Muffins mithilfe eines Teelöffels damit beträufeln und mit je drei Mokkabohnen verzieren.

Cappuccinotörtchen

Zutaten:

Für 6 Törtchen

Für den Teig:
125 g Mehl Type 405
1 ½ TL Backpulver
1 Msp. Natron
15 g Instant-Cappuccinopulver
1 Ei Größe M
70 g brauner Zucker
½ Päckchen Vanillinzucker
40 ml Pflanzenöl
150 g Naturjoghurt
100 g Frischkäse

Für die Füllung:
200 ml Sahne
1 Päckchen Sahnesteif
1–2 TL Instant-Cappuccinopulver

Außerdem:
6er-Muffinform, etwas Fett
oder Papierförmchen
Spritzbeutel
Kakaopulver zum Garnieren

Zubereitung:

1. Den Backofen auf 180° C, Gas Stufe 2–3, Umluft 160° C vorheizen. Die Muffinform gut einfetten oder mit Papierförmchen auslegen.

2. Das Mehl zusammen mit dem Backpulver und dem Natron in eine Schüssel sieben, das Cappuccinopulver dazugeben und die Mischung beiseitestellen.

3. Das Ei mit dem Zucker und dem Vanillinzucker schaumig schlagen, das Öl und den Joghurt gut unterrühren. Die Mehlmischung hinzufügen und alles zügig zu einem glatten Teig verarbeiten. Zum Schluss den Frischkäse einrühren.

4. Den Teig in die Vertiefungen der Muffinform füllen, in den Backofen schieben und ca. 25 bis 30 Minuten backen. Nach Ablauf der Backzeit herausnehmen, fünf Minuten in der Form ruhen lassen, danach die Muffins aus der Form lösen und auf einem Kuchengitter gut auskühlen lassen.

5. Für die Füllung die Sahne mit dem Sahnesteif steif schlagen, das Cappuccinopulver dazugeben, mit einem Rührlöffel unterheben und die Sahne in einen Spritzbeutel füllen.

6. Die abgekühlten Muffins einmal quer durchschneiden und die Böden mit der Cappuccinosahne bespritzen. Die Deckel daraufsetzen und mit einem großen Sahnetupfen und etwas Kakaopulver garnieren.

Quarkherzen mit Kaffee-Schokoladensoße

Zutaten:

Für 5 Personen

Für den Teig:
50 g getrocknete Aprikosen
50 g weiche Butter
½ Päckchen Vanillinzucker
100 g Zucker
2 Eier Größe M
75 g Mehl Type 405
½ Päckchen Backpulver
75 g Speisestärke
1 Prise Salz

30 g gemahlene Haselnüsse
4 cl Kirschsaft
125 g Quark
Springform mit fünf Herz-Tortenringen

Zum Garnieren:
Schokoladensoße
Kaffeelikör

Zubereitung:

1. Den Backofen auf 180° C, Gas Stufe 2–3, Umluft 160° C vorheizen. Die Springform mit Backpapier auslegen und die fünf Herz-Tortenringe hineinstellen. Die Aprikosen in kleine Würfel schneiden.

2. Die Butter, den Vanillinzucker und den Zucker mit den Schneebesen des Handrührgerätes cremig schlagen und nach und nach die Eier dazugeben.

3. Das Mehl mit dem Backpulver und der Speisestärke in eine Schüssel sieben. Die Mehlmischung, das Salz, die Haselnüsse, den Kirschsaft und den Quark zur Eiermasse geben und alles zu einem glatten Teig rühren. Zum Schluss die Aprikosenwürfel mit einem Rührlöffel unterheben.

4. Den Teig auf die fünf Herz-Tortenringe verteilen, in den Backofen schieben und ca. 35 Minuten backen. Nach Ablauf der Backzeit die Form aus dem Ofen nehmen, zehn Minuten ruhen lassen, dann die Herzen aus den Ringen lösen und zum Abkühlen auf ein Kuchengitter setzen.

5. Schokoladensoße und Kaffeelikör nach Geschmack vermischen und die Herzen vor dem Servieren noch mit der Kaffee-Schokoladensoße übergießen.

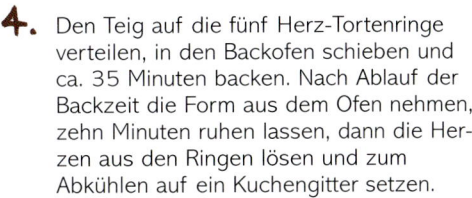

Marzipankugeln

Zubereitung:

1. Die Haselnüsse in der Butter leicht anrösten, auf ein Stück Küchenkrepp legen und die Schale entfernen.

2. Den Puderzucker durchsieben und zusammen mit der Marzipanrohmasse, den Mandeln und dem Kaffeelikör zu einem gleichmäßigen Teig kneten.

3. Den Teig in ca. 28 gleich große Stücke teilen und mit den Handflächen zu kleinen Kugeln rollen.

4. In jede Kugel mit dem Stiel eines dicken Rührlöffels eine Mulde drücken. In jede Mulde eine Haselnuss legen und den Teig wieder zu einer Kugel verschließen.

5. Für die Garnitur die weiße Schokoladenkuvertüre erwärmen – nicht kochen! Das Palmin hinzufügen, damit die Schokolade flüssig bleibt. Die einzelnen Kugeln mithilfe einer Kuchengabel ganz in die Schokolade eintauchen, auf ein mit Pergamentpapier belegtes Brett setzen und antrocknen lassen.

6. Die Zartbitterkuvertüre erwärmen und in ein aus Pergamentpapier gebasteltes Tütchen füllen. Die Spitze knapp abschneiden und im Zick-Zack über die Kugeln führen.

7. Zum Schluss die fertig verzierten und gut abgetrockneten Kugeln in die Papierförmchen setzen.

Zutaten:

Für ca. 28 Stück

Für den Teig:
ca. 20 g Haselnüsse (28 Stück)
10 g Butter
150 g Puderzucker
300 g Marzipanrohmasse
40 g gehackte Mandeln
3 EL Kaffeelikör
ca. 28 kleine Papierförmchen

Zum Garnieren:
150 g weiße Schokoladenkuvertüre
10 g Palmin
50 g Zartbitter-Schokoladenkuvertüre

Gestürzte Mokka-Karamellcreme

Zutaten:

Für 4 Personen

250 ml Sahne
125 ml frisch aufgebrühter Mokka
1 Päckchen Vanillezucker
½ Tasse Grafschafter Karamell
3 Eier
4 Eigelb

4 EL brauner Zucker
1 EL fein gemahlenes Instant-Kaffeepulver
4 gedünstete Birnen
Beerensoße, geschlagene Sahne und vier
Schokoladengitter zum Garnieren

Zubereitung:

1. Die Sahne, den Mokka, den Vanillezucker
und das Grafschafter Karamell ca. zwei bis
drei Minuten erhitzen, dabei nicht kochen
lassen, und zur Seite stellen.

2. Die Eier und die Eigelbe aufschlagen, nach
und nach in die warme Mokka-Sahne-
Mischung rühren, unterschlagen und ca.
drei Minuten bei mittlerer Hitze unter
Rühren erhitzen, dabei nicht kochen lassen.

3. Die Masse in vier feuerfeste Förmchen
geben, in eine mit Wasser gefüllte Form
stellen und im Backofen bei 180° C, Gas
Stufe 2–3, Umluft 160° C ca. 35 bis 40
Minuten garen.

4. Die Förmchen herausnehmen und ca. eine
Stunde kühl stellen. Die Mokkacreme auf
feuerfeste Teller stürzen, mit dem braunen
Zucker bestreuen und unter dem Grill kurz
überbräunen.

5. Das Instant-Kaffeepulver darüberstreuen
und mit den fächerartig aufgeschnittenen
Birnen und nach Wunsch mit Beerensoße,
geschlagener Sahne sowie je einem Schokoladengitter garniert servieren.

Schokoladen-Kaffee-Eclairs

Zutaten:

Für 12 Eclairs

Für den Teig:
1 Ei Größe M
40 g Zucker
1 TL Vanillinzucker
50 g Mehl Type 405
1 Msp. Backpulver
½ TL Kakaopulver

Für die Füllung:
150 ml Sahne
½ Päckchen Sahnesteif
3 TL Puderzucker
½ TL Instant-Kaffeepulver

Außerdem:
12er-Eclair-Form
Fett für die Form
Spritzbeutel
dunkle Schokoladenkuvertüre

Zubereitung:

1. Den Backofen auf 180° C, Gas Stufe 2–3, Umluft 160° C vorheizen. Die Eclairform gut einfetten.

2. Das Ei mit dem Zucker und dem Vanillin-zucker mit den Schneebesen des Hand-rührgerätes schaumig rühren.

3. Das Mehl zusammen mit dem Backpulver und dem Kakaopulver auf die Schaum-masse sieben und vorsichtig unterheben. Den Teig in den Spritzbeutel füllen und in die Vertiefungen der Form spritzen.

4. Die gefüllte Form gleich in den Backofen schieben und ca. 10 bis 12 Minuten backen. Nach Ablauf der Backzeit heraus-nehmen, das Gebäck sofort aus der Form lösen und zum Abkühlen auf ein Kuchen-gitter legen.

5. Die Sahne mit Sahnesteif, Puderzucker und Instant-Kaffeepulver steif schlagen und in den gereinigten Spritzbeutel füllen. Jeweils ein Gebäckteil mit der Sahnemischung bespritzen und ein weiteres Teil darauf-legen.

6. Die Schokoladenkuvertüre im heißen Was-serbad schmelzen und im Zickzack die Eclairs damit verzieren. Sie passen am besten zu Kaffee oder lieblichem Wein.

Register

© 2007 SAMMÜLLER KREATIV GmbH

Genehmigte Lizenzausgabe
EDITION XXL GmbH
Fränkisch-Crumbach 2007
www.edition-xxl.de

Idee und Projektleitung: Sonja Sammüller
Layout, Satz und Umschlaggestaltung:
SAMMÜLLER KREATIV GmbH

ISBN (13) 978-3-89736-806-4
ISBN (10)   3-89736-806-4

Bildnachweis

Wir danken folgenden Firmen für ihre
freundliche Unterstützung:

G. Poggenpohl, Wismar
108–109

Marketing Design Service, M. Krützfeldt,
21465 Wentorf bei Hamburg
10–11, 12–13

MPR Dr. Muth Public Relations GmbH,
Hamburg
– Vecchia Romagna 38

Supress Pressedienste, Düsseldorf
– Nutella 124–125, 126–127, 128–129,
  130–131
– Schweppes 112–113

The Food Professionals Köhnen AG,
Sprockhövel
– Fuchs 103
– Goldpuder 116–117, 122–123,
  132–133
– Grafschafter 142–143
– Koopmans 118–119
– Nutella 102, 104–105, 106, 107,
  110–111
– Ostmann 116–117, 120–121

Alle weiteren Fotos:
SAMMÜLLER KREATIV GmbH